AF237379

Über den Autor

Marcel Riepegerste ist in der Mittelstufe ein schlechter Schüler. In der achten Klasse hat er einen Zeugnisdurchschnitt von 3,4 und bleibt fast sitzen. Seine Mutter möchte ihn vom Gymnasium nehmen und er weiß, dass er etwas verändern muss. Zwei Jahre später hat sich sein Durchschnitt mit 1,6 mehr als halbiert und er schließt auch sein Abitur mit einem 1er Durchschnitt ab. Danach studiert er an der Hochschule Koblenz. Sein Studium beendet er in der Regelstudienzeit als Jahrgangsbester mit 1,0. Er erhält u.a. den Förderpreis der Hochschule Koblenz. Als Sozialarbeiter und Sozialpädagoge arbeitet der 27-Jährige heute in einer forensischen Psychiatrie, einer Hochsicherheitseinrichtung für gefährliche psychisch kranke Straftäter.

Über das Buch

Über eine halbe Million junge Menschen fangen in Deutschland jedes Jahr ein Studium an. Ungefähr ein Drittel davon bricht das Studium vorzeitig ab. Einen 1er Durchschnitt zu erreichen, gilt als schwierig und erfordert jahrelange Motivation und Arbeit. Die Bestnote von 1,0 im Studium scheint fast unmöglich. Der Sozialarbeiter und Sozialpädagoge Marcel Riepegerste begleitet den Leser auf dem Weg zur Bestnote. Er beschreibt auf knapp 130 Seiten in leichter Sprache und ohne wissenschaftlichen Schnickschnack mit welchen Methoden es ihm gelungen ist, am Ende die Traumnote von 1,0 im Studium zu erzielen.

Marcel Riepegerste

1,0

~ Der Weg zum perfekten Studienabschluss ~

„DER Ratgeber. DER Weg zu Bestnoten"

(Walter Jörg Langbein)

Bibliografische Information der Deutschen Nationalbibliothek: Die Deutsche Nationalbibliothek ver-
zeichnet diese Publikation in der Deutschen Natio-
nalbibliografie; detaillierte bibliografische Daten
sind im Internet über dnb.de abrufbar.

Herstellung und Verlag: BoD - Books on Demand,
Norderstedt

Buchcover: CCO Bild von Felix_Hu / Pixabay. Bear-
beitung: Mike Schenk

ISBN: 9783752648614

Für Anka und Nathalie.

Freunde aus einem fast vergessenen Traum.

Und für Egbert.

Den alten Geschichtenerzähler.

Inhaltsverzeichnis

- Wann ist der Kurs?

- Habe ich genug Abwechslung?

- Die Einschreibung

- 1,0 in Referaten

- Das Thema

- Das Outfit

- Frei vortragen ohne Karteikarten

- Vermeidung von Füllwörtern

- Interaktion mit dem Publikum

- Einsatz verschiedener Medien

- Kreativität

- Zeitmanagement

- 1,0 in Klausuren

- Das Verhalten in der Vorlesung

- Bücher der Dozenten

- Vorbereitung auf die Klausur

- Kofferklausuren

- Paralleles Lernen

- Rituale und Entspannungsmethoden

- Lernen auf Lücke

- Zeitmanagement in der Klausur

Vorwort

Lieber Leser,

ich heiße dich herzlich willkommen auf dem langen und steinigen Weg zur Bestnote von 1,0. Wenn du erwartest, dass es ein Patentrezept - quasi eine Geheimformel - gibt, mit der eine solche Note im Schlaf erreicht werden kann, muss ich dich an dieser Stelle leider schon enttäuschen. Sein Studium mit 1,0 abzuschließen ist schwierig. Es erfordert jahrelange Motivation, Fokussierung und Mühe. Es ist wie so oft im Leben kein Sprint, sondern ein Marathonlauf. Schließlich muss nahezu jedes Referat, jede Klausur, jede Gruppenarbeit auf den Punkt perfekt sein. In jedem Fach gilt es, der Beste des Kurses zu sein und eine beeindruckende Bachelorarbeit zu schreiben. Aber auch wenn all das auf den ersten Blick unmöglich erscheint, ist es das nicht, wenn man weiß, was wichtig ist und worauf es zu achten gilt. Mein Ziel ist es, dir dies in diesem Buch auf übersichtlichen 132 Seiten zu vermitteln. Ich begleite dich von den Vorbereitungen des Studiums, über die einzelnen Prüfungsformen, bis hin zur Jobsuche danach. Klar kann bei einem beschränkten Seitenumfang nicht auf alles detailliert eingegangen werden und an mancher Stelle muss zur Vertiefung vielleicht auf andere Lektüre zurückgegriffen werden. Ich hoffe jedoch, dass ich mit meinem Buch, das man in einigen Stunden lesen kann, auch viele Leser erreiche, die von vielen hundert Seiten Text abgeschreckt würden.

Wie liest man nun dieses Buch? Von oben nach unten und von links nach rechts. Das hat sich über die Jahre als sehr gute Methode durchgesetzt. Spaß beiseite. Vielleicht bist du, wenn du dieses Buch liest, noch Schüler und gerade auf der Suche nach einem Studienplatz. Möglicherweise bist du aber die ersten Schritte auch schon allein gegangen und stehst bereits mitten im Studium oder steuerst sogar schon auf die Zielgerade zu. Je nachdem, an welchem Punkt du dich befindest, sind wahrscheinlich unterschiedliche Kapitel besonders interessant für dich. Du kannst also das Buch einfach von Anfang bis Ende lesen oder auch nur das, was du in deiner gegenwärtigen Situation brauchst, beispielsweise wenn du gerade ein Referat halten musst oder an deiner Bachelorarbeit sitzt. Es kann sicher nicht schaden, mein Buch auch öfter zur Hand zu nehmen und Kapitel noch einmal zu lesen. Vielleicht hast du mal ein Problem, dich zu motivieren und schaust in dieses Kapitel noch einmal rein oder du musst im neuen Semester wieder Kurse wählen und hast vergessen, worauf man hierbei achten sollte. Schließlich kann sich niemand alles merken. Dann lies das jeweilige Kapitel doch einfach noch einmal, markiere Dinge oder mache dir Notizen. Lies das Buch einfach so, dass du möglichst viel Nutzen daraus ziehen kannst.

Natürlich kann ich niemandem garantieren, dass er oder sie es nach dem Lesen dieses Buches auch schafft, die Bestnote zu erreichen. Schließlich muss vieles zusammenkommen, damit dies gelingt. Sei es jahrelange Disziplin aufzubringen oder aber auch die kognitiven Fähigkeiten und notwendige Intelligenz zu haben, ohne die es selbstverständlich auch nicht geht. An mancher Stelle ist auch ein gewisser Egoismus erforderlich. Ich garantiere dir aber, dass du deutlich bessere Resultate erzielen wirst, wenn du dich an meinem vorgeschlagenen Weg orientierst. Wie nah du dem Ziel der Bestnote 1,0 kommst und ob du es tatsächlich schaffst, entscheidest du am Ende selbst.

Wichtig ist es an dieser Stelle anzumerken, dass es sich bei „1,0" nicht um ein wissenschaftliches Werk handelt, von denen du im Studium schließlich noch genug lesen musst. Bücher und Ratgeber zu Themen wie Lernpsychologie oder Zeitmanagement gibt es genug am Markt und wer ein solches erwartet, sollte lieber zu anderer Lektüre greifen. Literatur mit seitenlangen Quellenangaben überlasse ich lieber den Doktoren und Professoren, denen man allein schon wegen ihrer akademischen Titel alles glaubt, was sie zu Papier bringen. Das vorliegende Buch beschreibt ausschließlich meine eigenen Erfahrungsberichte und Gedanken, die ich im Laufe der Schul- und Studienzeit gesammelt habe und die mir zu meinen Erfolgen und schließlich zu einer Durchschnittsnote von 1,0 im Studium verholfen haben. Ich habe für dieses Buch keine Ratgeber oder andere Bücher zu dem Thema gelesen, sondern orientiere mich nur an dem, wie ich persönlich es geschafft habe.

Abschließend sei angemerkt, dass aus Gründen der besseren Lesbarkeit stets die männliche Form von mir gewählt wurde. Es sind aber ausdrücklich immer alle Geschlechter gemeint.

Wer bin ich?

Mein Name ist Marcel Riepegerste und ich wurde am 06.10.1993 als jüngstes von zwei Kindern in Lüdenscheid im Sauerland geboren. In der Grundschule war ich ein guter Schüler. Fleißig, hilfsbereit und stets hoch motiviert. Oft brauchte ich zusätzliches Arbeitsmaterial, lese ich in alten Zeugnissen, weil ich mich im Rückblick betrachtet offensichtlich oft unterfordert fühlte. Umso schockierter war ich damals, als meine Grundschullehrerin mir am Ende der vierten Klasse das abschließende Zeugnis überreichte. Empfehlung für die Real- oder Gesamtschule, stand dort. Sie erklärte es mir und meiner Mutter damit, dass sie mich als Alleinerziehende, die lediglich Hauptschulabsolventin gewesen war, bei den Hausaufgaben und allen anderen Anforderungen des Gymnasiums doch gar nicht unterstützen könne. Ich solle lieber auf die Realschule gehen, um mir selbst einen Gefallen zu tun. Meine Eltern hatten sich getrennt, als ich gerade sechs Jahre alt war. Wir waren von einem Haus in eine kleine Wohnung gezogen. Wir hatten wenig Geld. Kauf von Schulbüchern, Ausflüge mit den Klassenkameraden und ein Internetzugang waren von Anfang an keine Selbstverständlichkeit. Meine Mutter hat jedoch immer ihr Bestes getan, mir alles zu ermöglichen. Ich hätte mir keine bessere Mutter vorstellen können. Trotzdem war es keine einfache Zeit für mich. Meine Eltern hatten beide kein Abitur, hatten nicht studiert. Mein Bruder hatte die Fachoberschulreife erlangt und danach eine Lehre als Werkzeugmechaniker absolviert. Es war mir klar, dass ich mit Latein und vielem anderen auf mich allein gestellt sein würde. Alle meine Freunde gehen auch aufs Gymnasium, jammerte ich, weil ich nicht von ihnen getrennt werden wollte und mich ungerecht behandelt fühlte. Ich dachte damals noch nicht an meine berufliche Zukunft und das ein guter Schulabschluss dafür wichtig ist. Das war nicht meine Motivation. Ich wollte einfach nur auf die Schule, wo meine Freunde hingingen. Schließlich bewarb ich mich trotz der fehlenden Empfehlung fürs Gymnasium und führte zusammen mit meiner Mutter ein Gespräch mit dem damaligen Schulleiter eines Lüdenscheider Gymnasiums. Er gab mir schließlich die Chance, seine Schule zu besuchen.

Die ersten Jahre auf der neuen Schule kam ich zwar mit den Mitschülern gut klar, hatte jedoch immer wieder schlechte Noten. Gerade auf der neuen Schule, schon die erste fünf auf dem Zeugnis in Englisch. Latein eine Katastrophe. In der achten Klasse hatte ich einen Zeugnisdurchschnitt von 3,4 und meine Mutter dachte bereits darüber nach, ob nicht doch ein Wechsel auf die

Realschule sinnvoll wäre. Geld für Nachhilfe hatten wir nicht.

Ich war damals vielleicht 13 oder 14 Jahre alt und fühlte mich wie ein totaler Versager. Rückblickend war dies der Moment, in dem ich eine Motivation entwickelte, die mich bis heute verfolgt. Einen tiefen Wunsch, meiner Grundschullehrerin und all den anderen Menschen, die nicht an mich glaubten, das Gegenteil zu beweisen. Zu zeigen, was für Fähigkeiten tatsächlich in mir stecken. Was im Leben möglich ist, wenn man alles gibt. Immer intensiver arbeitete ich nun an meinen schulischen Leistungen. Zwei Jahre später hatte sich mein Durchschnitt mit 1,6 mehr als halbiert und auch im Abitur erreichte ich einen 1er Schnitt. Ich war von einem schlechten Schüler zu einem der Besten geworden.

Nach dem Abitur habe ich an der Hochschule Koblenz studiert. Ich beendete mein Studium in der Regelstudienzeit als Jahrgangsbester mit 1,0. Mir wurde u.a. der Förderpreis der Hochschule Koblenz verliehen. Heute arbeite ich als Sozialarbeiter und Sozialpädagoge in einer forensischen Psychiatrie, einer Hochsicherheitseinrichtung für gefährliche psychisch kranke Straftäter.

Ich habe also trotz schwieriger Startbedingungen viel erreichen können und möchte auch dich dabei unterstützen, über deine Grenzen hinaus dein Ziel einer super Abschlussnote zu erreichen. Damit genug zu mir. Lass uns loslegen.

Vorbereitung des Studiums

Die Wahl des Studiengangs

Der ganze Weg beginnt mit der Wahl des Studiengangs. Man ist am Ende seiner Schullaufbahn angekommen, hat sein (Fach-)Abitur erfolgreich gemeistert und nun durch die Allgemeine- oder Fachhochschulreife die nötige Qualifikation für ein Studium. Wer sich gegen eine Ausbildung und für ein Studium entscheidet, muss sich nun Gedanken machen, was und wo er studieren möchte. Dies ist eine erste große Herausforderung, da es nahezu unendlich viele Studiengänge und Möglichkeiten gibt. Das kann schnell zu Überforderung führen. Was gilt es also bei der Wahl des Studiengangs zu berücksichtigen?

Zunächst einmal wird die Wahlmöglichkeit durch deinen Abiturdurchschnitt eingegrenzt. In vielen Studiengängen gibt es an den meisten Hochschulen und Unis einen Numerus Clausus, also einen bestimmten Notendurchschnitt, der Voraussetzung für eine erfolgreiche Bewerbung ist. Dieser berechnet sich nach Angebot und Nachfrage, also wie viele Studienbewerber es gibt und wie viele Studienplätze für diese überhaupt verfügbar sind. Für den, der ein gutes, aber nicht sehr gutes Abitur hat, wird es so beispielsweise schwer Medizin oder Psychologie zu studieren. Oft ist die einzige Möglichkeit im Ausland zu studieren, dabei große Kosten auf sich zu nehmen oder einige Jahre einen anderen Plan zu verfolgen mit der Hoffnung, irgendwann genug Wartesemester für einen Studienplatz zu haben. Im besten Fall machst du dir also schon in der Oberstufe Gedanken darüber, was du studieren möchtest und recherchierst, was für einen Notendurchschnitt du hierfür erreichen musst. Wer erst nach dem Schulabschluss mit seinen Überlegungen anfängt, ist vielleicht enttäuscht und denkt sich so etwas wie: Hätte ich mir vorher mal ein bisschen mehr Mühe gegeben. Bei mir stand schon recht früh fest, was ich studieren wollte und ich wusste, welchen Notendurchschnitt ich im Abitur erreichen musste, um relativ sicher einen Studienplatz zu bekommen. Meine Bemühungen im Abitur, einer Zeit, in der ich noch nicht ganz so motiviert und engagiert war wie im Studium, habe ich dann daran angepasst und genau den notwendigen Abiturschnitt erreicht. Getreu dem Motto: Ein gutes Pferd springt nur so hoch, wie es muss.

Weiterhin sollte sicherlich ein entscheidendes Kriterium bei der Wahl des Studiengangs sein, was dich interessiert und dir Spaß macht. Das Abitur ist die allgemeine Hochschulreife. Der Name deutet schon darauf hin, dass man eine Grundlage an Wissen in verschiedensten Fächern vermittelt bekommen soll. Die Möglichkeiten der Spezialisierung und Wahlmöglichkeiten sind begrenzt. Beim Studium kannst du dich nun auf etwas spezialisieren, was dich interessiert. Vielleicht hast du, während der Schul- oder in deiner Freizeit, gemerkt, was dir wirklich Spaß macht und was du dir als späteren Beruf vorstellen kannst. Das Studium geht mehrere Jahre und um motiviert zu sein und gute Leistungen zu erbringen, solltest du etwas finden, was dich wirklich begeistert. Viele Abiturienten entscheiden sich für einen Studiengang, weil er ein hohes Ansehen hat, die Jobs, die mit einem erfolgreichen Abschluss verbunden sind, ein hohes Gehalt versprechen, sie den Weg der Eltern gehen oder ähnliches. Klar sollten finanzielle Gedanken immer im Hinterkopf sein. Man möchte durch ein Studium und all den Aufwand, der damit verbunden ist, am Ende auch mehr Geld verdienen, als wenn man nach dem Schulabschluss direkt gearbeitet oder eine Ausbildung gemacht hätte. Aber nicht um jeden Preis. Mit meinem Notendurchschnitt hätte ich auch viele andere Studiengänge belegen können, bei denen ich vielleicht später mehr Geld verdient oder ein höheres Ansehen gehabt hätte. Ich hätte Anwalt, Psychologe oder Arzt werden können. Meine Einstellung ist jedoch, dass für mich das Finanzielle nur zweitrangig bei der Entscheidung war, was ich studieren und später beruflich machen möchte. Viel wichtiger finde ich es, etwas zu tun, woran man Interesse und Freude hat und das einen erfüllt. Schließlich liegt bis zur Rente jahrzehntelange Erwerbstätigkeit vor uns allen und was bringt mir ein guter Kontostand, wenn ich mich dafür jeden Tag auf die Arbeit quäle und den Hauptteil meiner Lebenszeit mit etwas verbringe, auf das ich eigentlich keine Lust habe. Nur Geld macht eben auch nicht glücklich. Das müssen Tag für Tag viele Menschen feststellen. Selbst wenn du einen Studiengang wählst, der dich sehr interessiert, solltest du dich aber frühzeitig von dem Gedanken verabschieden, dass studieren immer nur Spaß macht. Studieren ist anstrengend und es wird wohl immer wieder Phasen geben, wo du keinen Spaß an deinem Studium haben wirst, es langweilig ist oder dich nervt und frustriert. Das gehört eben auch dazu.

Natürlich muss an dieser Stelle angemerkt werden, dass es auch je nach Studium unterschiedlich anspruchsvoll ist, Bestnoten zu erreichen. Die meisten Jura- oder Medizinstudenten sind froh, wenn sie es mit Ach und Krach bis ans Ende des Studiums schaffen und sicherlich sind hier sehr gute Noten schwieriger zu erzielen als in meinem Studiengang, der insgesamt natürlich nicht ganz so anspruchsvoll scheint und bei dem Dozenten häufig etwas lockerer auftreten. Aber auch bei vermeintlich leichteren Studiengängen sind Bestnoten eine große Herausforderung, wenn auch an mancher Stelle nicht durch die Inhalte, dann aber doch durch die quantitative Anzahl an Modulen, die jedes Semester parallel erfolgreich gemeistert werden müssen.

Bewerbung und Entscheidung

Hast du nun für dich eine Entscheidung getroffen, welchen Studiengang du belegen möchtest, geht es an die Bewerbung. Informiere dich im Internet, wo dein Studiengang überall angeboten wird, welche Voraussetzungen zu erfüllen sind und wie der jeweilige Weg der Bewerbung aussieht. Ich empfehle dir an dieser Stelle dringend, mehrgleisig zu fahren und dich nicht nur an einer Hochschule oder Uni zu bewerben. Ich habe viele Studenten kennengelernt, die dies getan haben und davon ausgegangen sind, dass das schon funktionieren wird. Wenn du jetzt jedoch eine Absage bekommst, stehst du mit leeren Händen und vielleicht sogar ohne einen Plan B da. Das kostet dich wertvolle Zeit. Ich würde dir empfehlen, vorher zu sortieren, was für dich in Frage kommt und dann so viele Bewerbungen wie möglich abzuschicken. Du bist schließlich nicht verpflichtet, einen angebotenen Studienplatz dann auch anzunehmen. Verschicke deine Bewerbungen als Einschreiben mit Rückschein oder leg eine frankierte Rückantwort bei, damit du sicher sein kannst, dass deine Bewerbung auch tatsächlich eingegangen ist und bearbeitet wird. Ich habe mich ungefähr an zehn Hochschulen quer durch Deutschland beworben. Berlin, München, Leipzig, Frankfurt, Koblenz und einige mehr. Schließlich bekam ich von allen Hochschulen eine positive Zusage für einen Studienplatz. Natürlich ist es dann nicht einfach, sich zu entscheiden, aber lieber die Qual der Wahl, als überhaupt keinen Studienplatz zu haben. Jetzt kannst du dir überlegen, für welchen Studienplatz du dich entscheidest. Im Internet gibt es Portale, wo die einzelnen Studiengänge an den Unis und Hochschulen von Studierenden bewertet werden können. Wie ist die Betreuung durch die Dozenten? Wie modern ist die technische Ausstattung? Wie gut ist die Uni organisiert? Etc. Nutze die Möglichkeit, dir Erfahrungsberichte von ehemaligen Studenten durchzulesen und gleiche sie mit deinen Erwartungen ab. Manche Hochschulen und Unis bieten auch einen Tag der offenen Tür an, wo man sich als Studienbewerber vor Ort einen Eindruck machen kann. Dies solltest du ebenfalls in Anspruch nehmen.

Bei deiner Entscheidung spielt immer auch die Wahl der Stadt eine Rolle. Willst du nah an deiner Heimat bei der Familie bleiben? Willst du lieber weit wegziehen, etwas ganz anderes kennenlernen, quasi einen Neuanfang wagen? Willst du lieber in eine Großstadt oder an einen kleinen Studienort? Bevor ich mich für einen Studienort entschieden habe, habe ich mir die Hochschulen und Städte, die ich noch nicht kannte, vor Ort angesehen. Du triffst eine Entscheidung darüber, wo zumindest für die nächsten Jahre dein Lebensmittelpunkt ist und hier solltest du dich wohlfühlen können. So entschied ich mich gegen das aufregende Leben in einer Großstadt und für Koblenz, der Stadt an Rhein und Mosel. Für ein entspannteres, ruhigeres Leben. Bedingungen, die mir bei meinem Erfolg im Studium hilfreich waren.

Du kommst nun an den Punkt, wo du hoffentlich einen Studienplatz gefunden hast und weißt, an welchem Datum es losgeht. Nun hast du einige organisatorische Dinge zu klären. Vielleicht muss eine Wohnung, ein Platz in einer WG oder einem Studentenwohnheim gefunden werden, die Finanzierung zum Beispiel durch BAföG muss geregelt werden und vieles mehr. Kümmere dich gerade um BAföG frühzeitig. Je nach Studienort kann es sehr unterschiedlich lange dauern, bis ein BAföG-Antrag abschließend bearbeitet wird. Auch da viele Unterlagen zusammengetragen werden müssen, wie zum Beispiel finanzielle Nachweise der Eltern.

Riskiere nicht, dass du monatelang ohne Geld dastehst. Ähnlich verhält es sich mit der Suche nach einer Unterkunft. Der Wohnungsmarkt wird Jahr für Jahr angespannter und eine bezahlbare Unterkunft zu finden, kann schnell gehen oder aber auch sehr lange dauern. Du hast also eine Menge zu tun im Vorfeld des Studiums. Wenn es die Zeit zulässt, solltest du jetzt aber auch schon anfangen, dich auf dein Studium vorzubereiten. Setzte dich mit den Modulen des ersten Semesters auseinander. Falls es schon Unterlagen deiner Dozenten auf eurer Hochschulplattform gibt, kannst du dich schon mal ein bisschen einlesen oder dir Gedanken machen, welche Themen dich interessieren. Um ab dem ersten Tag in der Uni direkt einen guten Eindruck bei den Dozenten zu hinterlassen, schadet es nicht, mit ordentlich Hintergrundwissen in das Studium zu starten.

Nebenjob - ja oder nein?

Die meisten Studenten sind gezwungen, sich früher oder später mit der Frage auseinanderzusetzen, ob sie neben dem Studium arbeiten gehen oder nicht. Viele haben gar keine andere Möglichkeit, um finanziell zu überleben, als noch nebenbei oder sogar hauptsächlich arbeiten zu gehen. Für diese Studenten stellt sich die Frage nicht. Wer aber finanziell durch beispielsweise

BAföG und Kindergeld oder Unterstützung der Eltern einigermaßen über die Runden kommt, wird sich mit der Frage nach einem Nebenjob sicherlich an der einen oder anderen Stelle beschäftigen. Wir begeben uns in diesem Buch auf den Weg zur Bestnote. Wenn es rein darum geht, die besten Noten zu erreichen, sollte man so wenig wie möglich arbeiten bzw. andere feste Verpflichtungen haben. Je mehr man sich auf das Studium konzentrieren kann, je mehr Zeit und Energie man hierfür aufwenden kann, desto eher erreicht man sehr gute Noten. Man sollte ein Präsenzstudium nicht unterschätzen. Ich habe viele Studenten erlebt, die hauptsächlich arbeiten gegangen sind und das Studium quasi nebenbei absolvierten. So ist es jedoch fast unmöglich, die Bestnote zu erreichen. Ich habe während meines Studiums, bis auf ein paar Monate an einer Tankstelle, gar nicht gearbeitet und konnte mich so ganz auf das Studium konzentrieren. Das ging aber auch nur, weil ich sehr bescheiden und sparsam gelebt habe. Ich hatte kein Auto, ich habe günstig gewohnt und eingekauft und auf Urlaub, teure Anschaffungen oder Hobbys verzichtet. Mein Fokus lag ganz auf den Zielen im Studium.

Stipendium

Ein Weg, seine finanziellen Möglichkeiten während des Studiums zu verbessern und vielleicht einen zeitaufwendigen Nebenjob zu vermeiden, ist es, sich für ein Stipendium zu bewerben. Hier gibt es viele verschiedene Anbieter. Für ein Stipendium kommt in der Regel in Frage, wer sehr gute Leistungen im Studium erbringt, aber auch gleichzeitig durch beispielsweise verschiedenes soziales Engagement wie Ehrenämter seinen Beitrag zur Gesellschaft leistet. An ein Stipendium kann man über viele verschiedene Wege gelangen. Informiere dich hierüber im Internet oder an deiner Hochschule bzw. Uni. Möglich ist es auch, dass bei guten Studienleistungen die eigene Universität oder Hochschule dich für ein Stipendium vorschlägt. So war es auch bei mir.

Eines Tages bekam ich einen Brief, dass die Hochschulleitung mich für ein Stipendium bei der Studienstiftung des Deutschen Volkes vorgeschlagen hat. Die Studienstiftung ist Deutschlands größtes und ältestes Begabtenförderwerk. Viele heute bekannte Prominente wurden hier während ihres Studiums mit einem Stipendium gefördert. Die finanzielle Unterstützung ist hier sehr großzügig. Gerne möchte ich an dieser Stelle meine Erfahrungen mit euch teilen.

Nachdem mich die Hochschule für das Stipendium vorgeschlagen hatte, war der erste Schritt, sich selbst noch einmal zu bewerben. Hierfür musste u.a. ein mehrseitiges Motivationsschreiben angefertigt werden, in dem man sich vorstellt und deutlich macht, warum gerade man selbst ein Stipendium verdient hat. Es folgte die Einladung der Bewerber zu einem Wochenende in einer Art Jugendherberge. Es waren Bewerber aus den unterschiedlichsten Studiengängen eingeladen. Für Essen und Übernachtung wurde eine kleine Gebühr fällig. Nun galt es sich in drei „Prüfungen" zu beweisen. Prüfer waren hierbei Mitglieder der Studienstiftung, die während ihrer Studienzeit ebenfalls gefördert worden waren. Am ersten Tag gab es eine Gruppensituation, dazu am ersten und am zweiten Tag ein Einzelgespräch mit einem der Prüfer. In der Gruppensituation musste jeder ca. 10 Minuten einen Vortrag zu einem von ihm im Vorfeld vorbereiteten Thema halten. Im Anschluss wurde dann über das Thema diskutiert. In den Einzelgesprächen ging es nicht nur um die eigene Biografie, sondern die Prüfer sprachen auch aktuelle Themen aus der Weltgeschichte an, um zu prüfen, wie es mit der Allgemeinbildung stand bzw. ob der Studierende eigene Meinungen zu gesellschaftlich relevanten Themen

hat. So ging es bei mir beispielsweise um den „Brexit"
oder was ich für Ansätze hätte, die Flüchtlingskrise zu
lösen. Am Ende der beiden Tage war ich mir sicher, einen sehr guten Eindruck hinterlassen zu haben. Ich
hatte in der Gruppenprüfung über Sterbehilfe referiert,
ein Thema, mit dem ich mich während meines bisherigen Studiums schon intensiv auseinandergesetzt hatte.
Ich war der einzige Student aus der Gruppe, der völlig
frei vorgetragen hatte, ohne Karteikarten oder Unsi-
cherheiten. Ich beherrschte das Thema. Auch bei den
anderen Themen und den anschließenden Diskussionen konnte ich nach meiner Ansicht einen sehr guten
Eindruck hinterlassen. So hatte ich in den Stunden, die
mir bis zur Gruppensituation blieben, in Erfahrung gebracht, welche Themen die anderen Studierenden für
ihre Vorträge gewählt hatten. Jetzt setzte ich mich ans
Handy und googelte zu allen Themen, die zum Teil sehr
langweilig waren und fernab von allem, was mich inte-
ressierte. Ich schrieb mir alle möglichen Argumente für
oder gegen eine Sache auf, Statistiken, Details und
lernte sie auswendig. Schließlich wusste ich zu jedem
Thema mehr als alle anderen Teilnehmer.

Wieder zuhause angekommen, hieß es warten. Ein großer Briefumschlag wäre eine Zusage, ein kleiner eine
Absage. So viel wusste jeder. Schließlich war ich sehr
enttäuscht, als ich eines morgens den kleinen Umschlag

im Briefkasten vorfand. Ich erhielt eine Standartabsage. Eine Begründung gab es nicht. Es fühlte sich damals wie ein schwerer Rückschlag für mich an. Da ich auf BAföG angewiesen und das Geld immer sehr knapp war, hätte ich das Stipendium gut gebrauchen können.

Wer sich einmal tiefer damit auseinandersetzt, wer bei der Studienstiftung und anderen Anbietern von Stipendien gefördert wird, kann sich ein eigenes Bild von ihnen machen. Im Internet lassen sich über die Jahre viele Artikel führender Zeitschriften finden, die es kritisch bewerten, dass der Anteil der Akademiker-Kinder deutlich über denen aus bildungsfernen Familien, wo die Eltern kein Abitur gemacht oder studiert haben und zu denen auch ich zähle, liegt. Die Studienstiftung selbst führt diesbezüglich Erhebungen durch, nach denen sich der Anteil der Arbeiterkinder in den letzten Jahren deutlich erhöht hat. Trotzdem gibt es hier aus meiner Sicht noch deutliches Verbesserungspotential. Schließlich könnten diese Studenten die Förderung meiner Meinung nach oft viel mehr gebrauchen und haben häufig aus eigener Kraft deutlich mehr geleistet, um dort zu stehen, wo sie jetzt sind. Unser Bildungssystem ist, obwohl wir im 21. Jahrhundert leben, im internationalen Vergleich sehr unfair. Soziale Mobilität an vielen Stellen nur sehr begrenzt möglich. Gerade das ist die Haupterkenntnis aus den berühmten PISA-Studien.

Kinder aus bildungsfernen Familien bleiben oft bildungsfern. Wer wohlhabende, gebildete Eltern hat, hat es deutlich einfacher. Von den Stiftungen für Stipendien würde ich erwarten, dass sie diese Ungerechtigkeiten ausgleichen und den Schwachen helfen. Ob sie das tun oder die Ungleichheiten sogar noch verstärken, darüber muss sich jeder selbst ein Bild machen. Für mich war es eine Erfahrung, aber keine, die ich noch einmal wiederholen würde.

Regelstudienzeit - ja oder nein?

Jeder Studiengang hat eine Regelstudienzeit, also die Zeit, die als normale Zeit vorgesehen ist, um das Studium zu absolvieren. Daran orientiert sich das Modulhandbuch. In der Regel ist der Student frei, ob er die Regelstudienzeit einhält, sie über- oder unterschreitet. Wie oft hört man von Studierenden, die schon seit zehn Jahren studieren und immer noch nicht fertig sind. Die Regelstudienzeit zu unterschreiten ist dabei sehr unüblich, denn meist sind Studiengänge so konzipiert, dass es je nach Studiengang schon schwer ist, überhaupt alles in der Regelstudienzeit zu schaffen. In manchen Studiengängen gilt es fast als unmöglich, in der Regelstudienzeit zu bleiben und die Quote derer, die mehr Semester machen, ist sehr hoch. In meinem Studiengang haben die meisten Studenten zumindest ein Semester mehr absolviert und sich in dem zusätzlichen Semester dann nur der Bachelorarbeit gewidmet, die ansonsten im laufenden Semester neben den anderen Modulen parallel geschrieben werden musste. Das ist sicher sinnvoll. Ob du dich nun entscheidest, alle Module in der Regelstudienzeit zu absolvieren oder nicht, hängt von verschiedenen Faktoren ab, die berücksichtigt werden müssen. Wer beispielsweise ein duales Studium macht, hat häufig einen klaren Zeitplan und wenig Spielraum bei der Anzahl der Semester. Wer BAföG-Empfänger ist, muss nach dem vierten Semester einen Leistungsnachweis einreichen. Der Student muss eine bestimmte Anzahl von Creditpoints erreicht haben, sonst wird er finanziell nicht weiter gefördert. BAföG-Empfänger müssen ihr Studium in der Regelstudienzeit abschließen. Wenn sie mehr Semester benötigen, werden sie nur gefördert, wenn sie wichtige Gründe haben, beispielsweise eine Schwangerschaft, eine ärztlich attestierte Krankheit oder eine wichtige Prüfung erstmalig nicht bestehen. Für die Bestnote ist es sicherlich kein Nachteil ein oder zwei Semester mehr zu machen, sofern dir dies möglich ist. So hast du mehr Zeit, dich jeder einzelnen Prüfungsleistung zu widmen und weniger Stress und Druck. Ich habe mein Studium als BAföG-Empfänger in der Regelstudienzeit absolviert. Es ist sicherlich anspruchsvoller, aber die Bestnote ist trotzdem möglich.

Nachhilfe

Mit dem Thema Nachhilfe sind wir wohl fast alle in unserer Schulzeit schon in Berührung gekommen. Sei es, dass man Nachhilfe bekommen oder selbst anderen Schülern Nachhilfe gegeben hat. Beides kann auch im Studium relevant sein. Wenn du etwas nicht verstehst oder fachliche Wissenslücken hast, kannst du Nachhilfe in Anspruch nehmen, entweder über Nachhilfeinstitute oder privat, beispielsweise durch andere Studenten. Da ich von den großen Nachhilfeinstituten eher wenig halte und hier nach meinen Erfahrungen oft einfach nur schnelles Geld gemacht wird, würde ich eher zu privaten Anbietern raten. Gerade da andere Studenten beispielsweise viel näher an deiner Studienwirklichkeit sind und dir persönliche Ratschläge geben können, wie du sie auch in diesem Buch findest. Vielleicht kennen sie sogar deine Dozenten, haben die Kurse zuvor selbst belegt und können dir so quasi als „Insider" Tipps geben. Angebote für private Nachhilfe finden sich zum Beispiel am schwarzen Brett. Selbstverständlich ist Nachhilfe in verschiedenen Studiengängen mehr oder weniger sinnvoll. Mein Studium bestand aus Modulen im Bereich Psychologie, Jura, Soziologie etc. Dies sind weniger klassische Fächer für Nachhilfe. Nachhilfe findet sich eher in den Fächern, die wir auch aus der Schule kennen, wie Mathematik, Englisch, Deutsch etc. Studierst du beispielsweise Lehramt oder Bauingenieurwesen erscheint Nachhilfe zu nehmen eher sinnvoll, als wenn du Sozialarbeiter werden möchtest. Wenn du Bestnoten erreichen möchtest und es nicht schaffst, dir manche Fächer oder Inhalte selbst zu erarbeiten, solltest du das Geld für Nachhilfe investieren. Schließlich investierst du hier in deine Erfolge und deine Zukunft. Auf der anderen Seite kannst du auch selbst Nachhilfe geben, wenn du gutes Fachwissen hast und in der Lage bist, es auch zu vermitteln. Dies kann ein schöner Nebenverdienst zum Studium sein und wenn du Nachhilfe in Fächern deines eigenen Studiengangs gibst, kannst du dadurch auch noch selbst am Ball bleiben, beständig weiterlernen und dabei noch Geld verdienen. Eine Win-win Situation.

Praktika

In vielen Studiengängen und gerade an Fachhochschulen ist die Ableistung von Praktika während des Studiums verpflichtend. In meinem Studiengang gab es zunächst ein dreiwöchiges Hospitationspraktikum, danach ein praktisches Studiensemester, welches in Vollzeit über zwanzig Wochen zu leisten war, sowie zum Ende des Studiums eine Projektwerkstatt, bei der ein Projekt in einer sozialen Einrichtung über anderthalb Jahre zu entwickeln, durchzuführen und zu evaluieren war.

Wie bei den meisten Dingen im Studium ist es nach meiner Erfahrung zentral, sich frühzeitig um die Praktika zu kümmern. So erhöhst du die Chance, einen Praktikumsplatz in dem Arbeitsbereich oder der Einrichtung zu finden, die dich wirklich interessiert oder beruflich voranbringt. Je nachdem, wo du studierst, gibt es schließlich nur begrenzte Kapazitäten für alle Studierenden und wenn du dich nicht früh genug darum kümmerst, musst du dich am Ende vielleicht mit einer Notlösung zufriedengeben. Wenn du noch keine Ideen für einen Praktikumsbetrieb hast, beginne mit der Recherche. Das kann im digitalen Zeitalter vor allem über das Internet geschehen. Bei meiner Hochschule war es so, dass man die Möglichkeit hatte, sehr umfangreiche Listen einzusehen, auf denen Praktikumsbetriebe in ganz Deutschland aufgeführt waren, mit denen die Hochschule in der Vergangenheit bereits zusammengearbeitet hatte. Das erleichtert die Organisation deines Praktikums, da der Praktikumsbetrieb nicht erst durch die Hochschule auf seine Eignung geprüft werden muss. Ein weiterer Vorteil ist, dass hier die jeweiligen Ansprechpartner direkt aufgelistet waren, an die eine Bewerbung zu richten wäre. Auch am schwarzen Brett oder an Aushängen zu Stellenangeboten kann man sich orientieren, welche Anbieter es in der Region gibt. Wie immer ist es auch hilfreich, auf Erfahrungen von anderen Studierenden zurückzugreifen.

Du solltest dir im Vorfeld nicht nur Gedanken machen, welche Bereiche dich interessieren könnten, sondern auch, welche Strategie du verfolgen willst. Möchtest du im Laufe des Studiums verschiedene Arbeitsbereiche kennenlernen oder dich frühzeitig spezialisieren? Beides kann Vor- und Nachteile haben. Machst du deine Praktika in verschiedenen Bereichen, kannst du unterschiedliche Handlungsfelder deines Studiengangs kennenlernen und bereits im Studium herausfinden, was dir am ehesten Spaß macht. So habe ich dies getan. Mit etwas Glück weißt du dann schon genau, wo du nach dem Studium arbeiten willst oder was dein berufliches

Ziel ist. Wenn du deine Praktika alle in demselben Bereich machst oder sogar alle in der gleichen Einrichtung, kannst du dich dagegen frühzeitig in einem Handlungsfeld spezialisieren. Dies macht Sinn, wenn du vielleicht schon ohnehin klar weißt, wo die berufliche Reise hingehen soll. Du kannst dadurch auch Vorteile bei Bewerbungsgesprächen nach Abschluss des Studiums haben, weil du bereits über viel Wissen und Erfahrungen in dem Fachbereich verfügst. Vielleicht kannst du sogar gleich eine Anstellung in dem Betrieb bekommen, in dem du all deine Praktika gemacht hast. Das kann aber sicherlich auch gelingen, wenn du deine Praktika in verschiedenen Bereichen gemacht hast. Die Gefahr, sich frühzeitig zu spezialisieren, ist natürlich, dass es sein kann, dass man einen Bereich nie kennenlernt, der einem langfristig viel mehr Spaß gemacht hätte.

Ein weiterer Aspekt, den es zu berücksichtigen gilt, sind die finanziellen Rahmenbedingungen des Praktikums. Ein Pflichtpraktikum im Studium muss vom Praktikumsbetrieb nicht bezahlt werden, selbst wenn es über einen längeren Zeitraum geht. In meinem Studiengang war es so, dass es fast keine Einrichtung gab, die ihre Praktikanten bezahlt hat. Das kann schwierig sein. Wer ein praktisches Studiensemester machen muss, kann häufig dem vorherigen Nebenjob in diesem Zeitraum nicht mehr nachgehen. Eine Ausnahme war bei uns zum Beispiel das Jugendamt, welches seinen Praktikanten monatlich 400,00€ gezahlt hat. Hier gab es pro Semester jedoch nur wenige Plätze für Praktikanten. Es gab gerade durch den finanziellen Aspekt immer extrem viele Bewerber. Ich habe damals für mein praktisches Studiensemester einen der begehrten Plätze ergattern können, was vor allem daran lag, dass ich mich frühzeitig beworben und in einem persönlichen Gespräch noch vor allen späteren Bewerbern überzeugen konnte. Es sei jedoch darauf hingewiesen, dass ein solches Einkommen mit dem BAföG verrechnet wird und deshalb nur ein Teil behalten werden darf. Das ist aber trotzdem besser als kein Einkommen zu haben.

Am Ende deines Praktikums ist es sinnvoll, sich ein Praktikumszeugnis ausstellen zu lassen. Hast du einen guten Eindruck hinterlassen und bekommst eine gute Bewertung für deine Arbeit, kannst du dieses später in deine Bewerbungsunterlagen aufnehmen, wenn du ein anderes Praktikum oder einen festen Job suchst und so zusätzlichen Eindruck schinden. Ein Anspruch auf eine einfache Praktikumsbescheinigung hat jeder Praktikant, auch wenn das Praktikum nur kurz war. Hier ist zumindest aufgeführt, wo und wie lange man ein Praktikum gemacht hat. Bei einem qualifizierten Praktikumszeugnis, das es dann zumeist bei längeren Praktika gibt, wird darüber hinaus die geleistete Arbeit aufgeführt und das persönliche Verhalten beurteilt. Die Sprache in einem Praktikumszeugnis zu verstehen, ist dabei nicht leicht. Frag am besten jemanden, der sich damit auskennt oder informiere dich im Internet. Schnell entwickelt man ein Gefühl dafür, was einzelne Formulierungen bedeuten und wie die eigene Leistung benotet wurde. Dies ist dann auch für die spätere Berufswelt wichtig, weil es in Arbeitszeugnissen nichts anderes ist. Solltest du mit deinem Zeugnis und der Bewertung nicht zufrieden sein, sollte zunächst das Gespräch zum Ersteller gesucht werden. Mache deutlich, was genau dich stört, welche konkreten Stellen aus deiner Sicht geändert werden sollten und welche Argumente dafür sprechen. Sollte dies keinen Erfolg haben, kannst du dich an die Personalabteilung wenden oder im schlechtesten Fall auch dein Recht vor einem Arbeitsgericht durchsetzen. Ich habe es auch erlebt, dass Praktikanten gebeten werden, ihr Zeugnis selbst zu schreiben. Das ist bestimmt eine gute Möglichkeit, sich selbst gut darzustellen, aber dann muss man sich vorher intensiv damit auseinandersetzen, wie ein Praktikumszeugnis richtig geschrieben wird und auf welche Formulierungen es zu achten gilt. Wenn du dir das nicht zutraust, solltest du das unbedingt zurückmelden und die Finger davonlassen. Sonst tust du dir keinen Gefallen.

Motivation

Bevor wir uns nun den einzelnen Prüfungsformen widmen, ist es mir wichtig, über das Thema Motivation zu sprechen. Nichts ist für ein erfolgreiches Studium nach meinen Erfahrungen so wichtig, wie dieses Thema. Wir alle können uns sicher Besseres vorstellen als stundenlang in Vorlesungen zu sitzen, wissenschaftliche Bücher zu lesen, die an Langeweile kaum zu überbieten sind oder wochenlang Dinge für eine Klausur stupide auswendig zu lernen, von denen wir überzeugt sind, dass wir sie nie wieder in unserem Berufsleben brauchen werden. All das kann sehr nervig sein und die Verlockung, anderen Dingen nachzugehen, sehr groß. Prokrastination ist ein Wort, das wohl jeder Student früher oder später kennenlernt. Anstehende Aufgaben aufschieben, meist indem man sich selbst in Ausreden verliert. Manch einer putzt dann lieber die Wohnung als für eine Prüfung zu lernen. Es geht immer um kurzfristige und langfristige Bedürfnisse. Das ist der wichtigste Konflikt, in dem wir uns auf dem Weg zur Bestnote befinden. Viele Menschen orientieren sich mehr an ihren kurzfristigen Bedürfnissen. Es macht selbstverständlich mehr Spaß, mit Freunden ins Kino zu gehen, als fürs Studium zu lernen. Also tun sie das. Das andere sind Sorgen und Probleme von morgen. Das ist das Problem vom Zukunfts-Ich. Die meisten Menschen befriedigen ihr Bedürfnis sofort. Wesentlich erfolgreicher sind aber nach meinen Erfahrungen die Menschen, die es schaffen, ihre kurzfristigen gegenüber den langfristigen Bedürfnissen bewusst zurückzustellen. Natürlich würde ich gerade lieber ins Kino gehen, aber mein langfristiges Bedürfnis ist es, einen super Studienabschluss zu erlangen. Die Befriedigung, die mir das in der Zukunft verschaffen wird, ist viel größer als die im Hier und Jetzt, ins Kino zu gehen. Dem müssen wir uns immer bewusst sein und es erfordert viel Training und Selbstdisziplin, die langfristigen Bedürfnisse ins Zentrum des Handelns zu stellen. Wir brauchen dabei vor allem intrinsische Motivation, also jene, die in uns selbst entsteht. In der Schule ist die Motivation oft extrinsisch. Vor allem die Eltern wollen meist, dass ihre Kinder gute Noten schreiben. Eltern und Lehrer sind hinterher, dass die Kinder ihre Hausaufgaben machen und lernen. Eltern belohnen oder bestrafen ihre Kinder für gute oder schlechte Schulnoten. Im Studium sind wir in einem Alter, in dem unsere Eltern uns in der Regel nicht mehr in den Hintern treten. Wir müssen die Motivation vor allem aus uns selbst heraus entwickeln. Ich habe für meine Studienerfolge fast jeden Tag des Jahres gearbeitet. Zwar immer nur ein paar Stunden am Tag, sodass mir noch genug Freizeit blieb, aber trotzdem war ich konsequent. Da Klausuren im Wintersemester meist direkt im Januar waren, habe ich auch an den Weihnachtsfeiertagen ein paar Stunden pro Tag gearbeitet, obwohl es an solchen Tagen noch schwieriger ist, seine kurzfristigen Bedürfnisse nach hinten zu stellen. Auch in den Semesterferien, die häufig länger sind als in der Schule, sollte man nicht faul sein und regelmäßig für die Uni arbeiten. So startet man vielleicht schon mit einem Vorsprung gegenüber den anderen Studierenden ins neue Semester. Es sei an dieser Stelle angemerkt, dass das natürlich nicht heißt, auf alles Schöne, auf alles, was uns Spaß und Freude macht, zu verzichten. Das macht unglücklich und im Extremfall psychisch krank. Natürlich müssen wir uns auch mal kurzfristige Befriedigung gönnen und Dinge machen, die uns guttun. Müssen Pausen einlegen und abschalten. Aber das wir in der Regel eher lang- als kurzfristig denken, ist für unseren Erfolg wesentlich.

Es ist also essenziell, uns immer wieder bewusst zu machen, wofür wir all das tun. Über allem brauchen wir eine Vision, ein Ziel, auf das wir hinarbeiten. Bei mir war es am Anfang der Abschluss des Studiums und der Job, den ich danach gerne machen würde. Zu Beginn ging es bei mir tatsächlich gar nicht um gute Noten. Ich wollte kein schlechter Student sein, klar, aber ich hatte auch keine besonders hohen Ansprüche. Als ich nach und nach merkte, wie leicht es mir fiel, gute Noten zu erzielen, als mir mehr und mehr klar wurde, worauf es tatsächlich ankommt und ich plötzlich einen super Notendurchschnitt hatte, wurde es irgendwann mein Ziel, die 1,0 zu erreichen. Das war meine Vision, das war mein Ziel, das über allem stand und für das ich Tag für Tag aufstand und arbeitete. Ich wusste, wenn ich das erreichen würde, könnte mir diesen Erfolg für den Rest meines Lebens niemand mehr nehmen. Es ging nie um andere, es ging nur darum, mich selbst stolz zu machen und mir zu beweisen, was ich kann. Es ist wichtig, dass auch du am Anfang deines Studiums ein Ziel entwickelst. Wie auch immer es aussehen mag, hilft dir das, deine Motivation zu entwickeln. Das Entscheidende ist es dann, diese Motivation Semester für Semester, Tag für Tag neu zu bekräftigen. Dein Ziel muss selbstverständlich auch erreichbar sein, damit du nicht frustriert und zum Scheitern verdammt bist. Überlege dir Zwischenziele, um auch auf dem Weg zur großen Vision immer mal wieder Erfolgserlebnisse zu haben und belohne dich dafür mit schönen Dingen.

Es hilft, sich sein Ziel zu visualisieren. Du kannst es beispielsweise aufschreiben und gut sichtbar an deinem Schreibtisch aufhängen, damit du es immer siehst, wenn du gerade für die Uni arbeitest, obwohl du keine Lust hast. Oder neben deinem Bett, damit du es als erstes erblickst, wenn du morgens aufwachst und so mit der nötigen Motivation in den Tag startest. Auch

Motivationsvideos im Internet zu schauen oder ein Mantra können hilfreich sein. Verfasse dafür zum Beispiel einen motivierenden Text mit deinen Zielen, den du dir regelmäßig aufsagst. Es kann helfen, sich die negativen Glaubenssätze, die sich über dein Leben entwickelt haben, aufzuschreiben und sie durch positive zu ersetzen. Der negative Glaubenssatz „Ich kann einfach keine guten Referate halten" könnte so beispielsweise zu dem positiven Glaubenssatz „Ich kann super Referate halten, wenn ich nur genug dafür übe" werden. Wenn es dir schwerfällt, dich zu motivieren, kannst du dir auch einfach eine Vision in deinen Kopf rufen, wie du dein Ziel erreichst. Bei mir war es oft die Verleihung des Abschlusszeugnisses.

Stell dir vor, du bist in einem großen Hörsaal und alle Dozenten und Mitstudenten sind da. Vorne ist euer Studiengangsleiter oder Dekan und überreicht persönlich den allerbesten Studenten ihr Abschlusszeugnis. Er sagt, dass es dieses Semester einen Studenten gab, der besonders herausragende Leistungen erzielt und einen Schnitt von 1,0 erreicht hat. Der besser als alle anderen war. Sie alle überstrahlte. Dann nennt er deinen Namen. Du gehst auf die Bühne, alle applaudieren, selbst die, die dich nicht wirklich kennen. Jetzt kennen sie dich. Du genießt die Anerkennung für deine Arbeit. Du hast es geschafft.

Ich bin mir sicher, dass diese Vorstellung positive Emotionen bei dir auslöst, selbst wenn du vielleicht niemand bist, der gerne im Mittelpunkt steht. Bei uns war es tatsächlich so, dass die Besten eines jeden Studiengangs in einer Abschlussfeier einzeln geehrt wurden. Es wurde eine Urkunde verliehen, Fotos gemacht und als Geschenk gab es ein Fachbuch des Studiengangs, das immer noch eingeschweißt bei mir zuhause liegt. Ich war damals der Einzige aus allen Studiengängen, der die 1,0 geschafft hat. Der Dekan schaute ungläubig auf seinen Zettel, wo die Abschlussnote notiert war und sagte scherzhaft, was denn mit mir nicht stimme. Es war der Moment, auf den ich so lange hingearbeitet hatte. Es war die Vision, die viele Jahre in meinem Kopf war. Und nun war dieser Moment gekommen. Wie immer war die Fantasie im Vorfeld beeindruckender als die Realität, aber diese Vision hat mir geholfen, meine Motivation über all die Jahre aufrechtzuerhalten. In meiner Vision lief übrigens, als ich auf der Bühne stand, das Lied „Chandelier" von Sia. Ganz so kitschig muss es in deiner Vision ja nicht sein.

Sei dir bewusst, dass es auch Zweifel, Ängste und Rückschläge geben wird. Ich wollte mein Studium viele Male abbrechen. Jedes Semester kam ich an den Punkt, dass ich alles in Frage stellte und mir die Motivation fehlte. Hier muss man sich durchkämpfen. Sich sein Ziel, seine

Vision wieder bewusst machen. Mir half es immer mit meinen engsten Studienfreunden zu sprechen und sie haben mir ein ums andere Mal geholfen, weitermachen zu wollen. Ohne sie hätte ich all das nicht geschafft. Fetter Dank an dieser Stelle! Ich weiß, dass ich unerträglich war. Wenn du merkst, dein Studium gefällt dir überhaupt nicht oder du möchtest doch einen ganz anderen Beruf erlernen, kannst du dein Studium natürlich vorzeitig beenden, wenn du dir deiner Entscheidung sicher bist. Aber auch hier macht es für mich einen Unterschied, ob man gerade im ersten oder zweiten Semester und damit am Anfang seines Studiums ist oder ein Semester vor dem Abschluss steht und dann alles hinschmeißt. Ich habe viele Studenten erlebt, die ihr Studium kurz vor Ende abgebrochen haben. Meiner Meinung nach sollte man die letzten Monate dann auch noch durchziehen, selbst wenn man danach doch nicht in dem Beruf arbeiten möchte. Schließlich hat man dann einen Studienabschluss und auch bei Bewerbungsgesprächen kommt es immer gut an, wenn man etwas abgeschlossen hat. Manchmal können schließlich auch Erfahrungen aus einem ganz anderen Berufsfeld einen im Job weiterbringen.

Das Streber-Dasein

Es ist mir wichtig an dieser Stelle noch auf das Thema Selbst- und Fremdwahrnehmung einzugehen. Streber sind uncool, langweilig und keiner will etwas mit ihnen zu tun haben. Ein festes Gesetz in der Schulzeit. Wer macht schon regelmäßig seine Hausaufgaben, meldet sich ständig im Unterricht und lernt am Wochenende lieber für eine Klassenarbeit, statt Freunde zu treffen. Wenn jemand Streber genannt wird, ist das nichts anderes als eine Beleidigung. Streber kommt aber eigentlich von dem Wort „streben", beschreibt also jemanden, der nach einem Ziel strebt. Wir alle sind in verschiedenen Dingen also Streber oder sollten es zumindest sein. Es bedeutet nichts Schlechtes, ein solcher zu sein. Zu einer Beleidigung wird es bei Schülern nur, weil es Neid gibt. Weil jeder gerne erfolgreich sein und gelobt werden möchte. Weil jeder gerne gute Noten und Anerkennung beispielsweise durch Eltern, Lehrer oder Freunde hätte. Deshalb werte ich ihn ab, denn wenn ich jemand anderen schlecht mache, bin ich automatisch besser. Simple as that. Für Schüler können Beleidigungen und Mobbing wegen ihrer guten Noten weitreichende Konsequenzen haben und beispielsweise in psychischen Problemen gipfeln. Natürlich sind wir in der Studienzeit keine Kinder mehr, sondern erwachsene Menschen.

Trotzdem möchte wohl niemand ein Streber sein. Nach meinem Konzept bist du das aber. Damit musst du dich abfinden. Du hast ein festes Ziel vor Augen, du arbeitest hart dafür, lernst mehr und bist besser vorbereitet als andere. Du machst auch dann mal was fürs Studium, wenn eigentlich coolere Dinge anstünden und stellst deine kurzfristigen Bedürfnisse für deinen Erfolg zurück. Im Idealfall schreibst du die besten Noten und andere bekommen das mit. Du schleimst an der richtigen Stelle gegenüber deinen Dozenten und bist öfter egoistisch. Du denkst in erster Linie an dich selbst und deinen Erfolg und dann an andere. Aber nur weil du das in Bezug auf dein Studium tust, heißt das nicht, dass du auch privat so sein musst. Nur weil jemand, wenn es um Prüfungen und Noten geht, egoistisch ist, heißt das nicht, dass er sich auch sonst gegenüber Freunden, Familie oder anderen Menschen so verhält. Ein Stück weit gehört Egoismus einfach dazu, wenn man erfolgreich sein und seine Träume und Ziele verwirklichen möchte. Schau dir doch nur mal an, wer in Politik und Wirtschaft die höchsten Ämter bekleidet. Wer nur an andere denkt, wird das wohl nicht erreichen. Und das heißt nicht, dass jeder davon auch im Privatleben so ist. Nur weil jemand im Studium ein Streber ist, heißt das nicht, dass er ansonsten völlig langweilig und uncool ist. Also stehe dazu, wie du bist und verhalte dich authentisch. Die falschen Leute werden dich meiden und die richtigen werden deine Freunde werden. Jene, die unterscheiden können, zwischen meinem Ich im Beruf oder im Privatleben. Auch ich habe mich selbst in meinem Studium oft als Streber im negativen Sinne gefühlt. Selbst beim Schreiben dieses Buches habe ich mich an mancher Stelle unwohl gefühlt und mir gedacht: Was bist du eigentlich für ein kleiner Streber. Aber das ist doch Quatsch. Die Menschen, die mich kennen, wissen, dass ich privat total locker bin, man viele coole Dinge mit mir machen und Spaß haben kann. Ich hatte im Studium ein Ziel vor Augen. Ich habe mir Methoden überlegt, wie ich das am besten erreiche und habe hart dafür gearbeitet. Das ist klug und etwas, worauf ich sehr stolz bin. Und du kannst es auch sein.

Mental Health

Du begibst dich mit diesem Buch auf einen jahrelangen Weg zur Bestnote. Das erfordert viel Anstrengung, Kraft und Energie und es ist wichtig, dass wir dabei auf uns achten, damit wir psychisch und körperlich gesund bleiben. Wir möchten nicht am Ende unseres Studiums unter Burn-Out oder Depressionen leiden, nur um sehr gute Noten zu erreichen. Das ist das Ganze nicht wert. Es ist also wichtig, dass wir neben der Arbeit an unseren Studienerfolgen genügend Ausgleich haben. Es ist ein weit verbreiteter Irrtum, dass alle Schüler oder Studenten, die einen Notendurchschnitt von 1,0 erreichen, den ganzen Tag nur lernen und keine Freizeit haben. Natürlich ist der eine talentierter und muss weniger für seine Erfolge tun als ein anderer, dem es nicht so leichtfällt und der mehr für dasselbe Ergebnis arbeiten muss. Aber so oder so: Freizeit ist wichtig. Wir sind jung und wollen ja auch etwas vom Leben haben. Es ist auch möglich, einen super Abschluss zu erreichen und trotzdem genügend Zeit für sich, für seine Interessen und Hobbys zu haben, wenn man seine Studienunterlagen immer sortiert hält und sich im Studium gut organisiert. Es geht also darum, seine Student-Life-Balance zu optimieren. Es ist in etwa so wie Ordnung in der Wohnung zu halten. Manche Menschen sind eher chaotisch. Wenn sie etwas suchen, beispielsweise einen BAföG-

Bescheid oder einen bestimmten Kontoauszug, müssen sie stundenlang suchen und die halbe Wohnung auf den Kopf stellen, weil sie nicht wissen, wo sie ihn hingelegt haben. Wer jedoch gut organisiert ist, für alles einen Platz oder einen Ordner hat und es immer dort hinlegt, wo es im eigenen System hingehört, findet das, was er sucht, sofort. Im Endeffekt kann man also durch eine gute Organisation und Struktur Zeit sparen. So ist es auch im Studium. Die Zeit, die wir gewinnen, können wir nun für unseren Ausgleich nutzen. Doch wie könnte dieser aussehen?

Selbstverständlich haben wir alle unterschiedliche Dinge, die uns entspannen und dem Alltag mental entfliehen lassen. Schaue also, was dir hilft und guttut. Sportliche Betätigung ist sicherlich nie verkehrt. Sorge dafür, dass du einen sportlichen Ausgleich hast. Selbst wenn es nur an einem Abend der Woche ist. Wenn du dich allein nicht motivieren kannst, dann vielleicht mit jemand anderem. Hochschulen und Unis bieten meistens für sehr wenig Geld pro Semester verschiedenste sportliche Angebote an. So kannst du zur Abwechslung mal nicht nur deinen Kopf, sondern auch deinen Körper auspowern und dabei vielleicht noch andere Studierende kennenlernen. Probiere Entspannungstechniken oder Meditation, um deinen Kopf freizubekommen und Anspannung und Nervosität loszuwerden. Vielleicht ist hier etwas Passendes für dich dabei. Sorge dafür, dass du ausreichend und guten Schlaf bekommst. Der eine braucht mehr, der andere weniger, um ausgeschlafen zu sein. Achte darauf, dass du ausreichend guten Schlaf hast, damit du gesund bleibst und deine vollen Hirnleistungen abrufen kannst. Im Idealfall solltest du schon auf sieben bis neun Stunden Schlaf pro Nacht kommen. Auch eine gesunde ausgewogene Ernährung kann wohl nicht schaden. Aber das brauche ich dir sicher nicht zu erzählen. Vermeide so gut es geht Alkohol und Drogen. Natürlich spricht nichts dagegen, am Wochenende mal was trinken zu gehen, aber viele Studenten machen das auch unter der Woche und sitzen teils noch mit Restalkohol in der Vorlesung. Davon ist auf dem Weg zur Bestnote dringend abzuraten. Nimm keine Medikamente oder anderen chemischen Kram, von dem du dir bessere Konzentration und damit verbunden bessere Noten erhoffst. Nicht wenige Studenten greifen in ihrer Verzweiflung und Überforderung beim Lernen zu ADHS-Medikamenten wie Ritalin. Ich habe so etwas in meinem Studium niemals ausprobiert und trotzdem Bestnoten erzielt. Keine Pille der Welt ersetzt Fleiß, gute Organisation und all die anderen Dinge, auf die es ankommt und über die ich in diesem Buch schreibe. Für die mentale Gesundheit ist es weiterhin förderlich, positive soziale Kontakte zu haben. Sei es deine Familie, Freunde oder ein Partner, der dir

Kraft und Rückhalt gibt und bei deinen Zielen unterstützt. Gerade meine Studienfreunde waren mir sehr
wichtig. Es waren nur wenige ausgewählte Personen,
aber wenn man jemand vertrautes an seiner Seite hat,
der dieselbe Scheiße durchstehen muss, wie man selbst,
ist alles gar nicht mehr so schlimm. Das ist nicht anders
als in der Schule.

Auch kann es sinnvoll sein, eine Studienberatung auf-
zusuchen. An meiner Hochschule gibt es beispielsweise
eine psychosoziale Beratungsstelle für die Studierenden, welche immer sehr hoch nachgefragt ist. Die Mit-
arbeiterin ist eine Sozialpädagogin, die außerordentlich
kompetent und sympathisch ist. Vielen meiner Kommilitonen konnte sie sehr helfen. Ich habe über mein ganzes Studium hinweg hier regelmäßig Termine gehabt
und so manche Krise dadurch gemeistert.

Student-Dozent-Beziehung

Sehr wichtig für den Erfolg in unserem Bildungssystem ist es, welche Beziehung ein Schüler zu seinem Lehrer bzw. ein Student zu seinem Dozenten hat. Lehrer und Dozenten sind keine Maschinen, die objektiv Leistung bewerten, alles andere ausblenden und dann eine faire Note verteilen. Das bleibt eine Wunschvorstellung! Sie sind Menschen, sie machen Fehler, sie haben gute und schlechte Tage, private Probleme, hegen Sympathie oder Abneigung ihren Schülern und Studenten gegenüber und lassen sich durch deren Verhalten beeinflussen. Sie bewerten oft auch subjektiv, manchmal scheint es gar willkürlich. Sie sind wie du und ich. Und sie waren selbst mal Schüler und Studenten. Sie haben all das selbst schon durchlebt. Sicherlich ist der Beziehungseinfluss geringer als in der Schule, wo die Klassen in der Regel kleiner sind und der Kontakt zwischen Lehrer, Schüler und Eltern intensiver. Trotzdem kommt der Student-Dozent-Beziehung aus meiner Sicht eine hohe Bedeutung zu, gerade wenn du an einer privaten Uni oder öffentlichen Fachhochschule studierst wie ich, wo die Kurse kleiner und die Betreuung persönlicher ist. Deshalb solltest du den Beziehungsaspekt nicht vernachlässigen, wenn du dich auf den Weg zur Bestnote begibst. Was ist also nun unser Ziel? Ziel ist es, dass die Dozenten dich sympathisch finden und mögen. Dann werden sie dich automatisch auch besser bewerten. Sei also freundlich, höflich, wertschätzend und respektvoll ihnen gegenüber. Sprich mit ihnen ruhig auch mal über private Themen wie das Fußballspiel vom Wochenende oder einen aktuellen Kinofilm, wenn sich die Gelegenheit dazu ergibt. Das hilft, eine persönliche Bindung herzustellen. Gib jedem Dozenten das Gefühl, dass du ihn und sein Fach oder Kurs besonders wichtig findest und magst. Aber alles natürlich in einem angemessenen Umfang. Wir möchten nicht der klassische Lehreschleimer sein, der dem Dozenten die Tasche trägt und immer nur nach dem Mund redet. Wir dürfen auch eigene Meinungen haben und mal anecken. Wie gesagt waren Dozenten auch mal Schüler und Studenten und haben oft auch eine Abneigung gegen Schleimer. Deshalb gilt es dezent zu schleimen. Einfach durchweg einen positiven Eindruck hinterlassen. Dann wird sich das hinterher bei der Benotung sichtbar machen.

Welche Kurse wähle ich?

Die richtige Wahl der Kurse ist ein wichtiger Faktor auf dem Weg zur Bestnote. Es gibt dabei große Unterschiede. Je nachdem ob du zum Beispiel an einer Uni oder einer Fachhochschule studierst bzw. welchen Studiengang du belegst, kann es sein, dass alle Module und Veranstaltungen vorgegeben sind und es keine oder kaum Wahlmöglichkeiten gibt oder eben, dass du dein Semester aus einem Pool an verschiedenen Veranstaltungen relativ frei zusammensetzen kannst. In meinem Studiengang war es so, dass es wenige Pflichtveranstaltungen gab, die jeder Student belegen musste und die zumeist mit einer abschließenden Klausur einhergingen. Der Großteil der Module war jedoch frei wählbar zwischen verschiedenen thematischen Veranstaltungen des jeweiligen Fachbereichs wie Recht, Psychologie oder Soziologie. Die Einschreibung in die unterschiedlichen Kurse erfolgte bei uns über die Onlineplattform „OLAT". Wenn du nun Kurse frei wählen kannst, gilt es einige Dinge zu berücksichtigen.

Wähle die Kurse und Themen, die dich interessieren und dir Spaß machen. Diesen Satz wollen viele sicherlich an dieser Stelle hören und er ist so oder so ähnlich wohl auch in den meisten Ratgebern zu lesen. Natürlich ist es wichtig für unseren Erfolg, wenn wir uns für Dinge interessieren und begeistern können und das Verstehen und Lernen fällt uns dann leichter. Auf dem Weg zur Bestnote ist das aber - so hart es auch klingen mag - nicht der entscheidende Faktor. Wer die Bestnote erreichen will, sollte nicht davor zurückschrecken, auch Kurse zu wählen, die ihn weniger interessieren. Nachfolgend einige Faktoren, die es nach meinem Prinzip neben dem Interesse an Themen und Kursen zu berücksichtigen gilt.

Wer ist der Dozent?

Diese Frage ist sehr wichtig bei der Kurswahl. Im Idealfall wählst du Kurse bei Dozenten, bei denen du aus der bisherigen Studienerfahrung oder den Erzählungen von anderen Studierenden weißt, dass ihre Module spannend und interessant sind. So ist es viel leichter für dich, Motivation für eine erfolgreiche Teilnahme und genug Aufmerksamkeit während der Veranstaltung zu entwickeln. Viel entscheidender für die Wahl der richtigen Kurse ist es jedoch, ob der Dozent bekannt dafür ist, gute Noten zu vergeben. Dozenten bewerten ganz unterschiedlich. Sie haben verschieden hohe Anforderungen an die Studenten. Bei manchen besteht jeder irgendwie, andere sind bekannt für hohe Durchfallquoten. Rückblickend auf meine Studienerfahrungen wussten bei uns alle schnell, welche Dozenten fast immer nur sehr gute Noten vergeben haben und bei welchen selbst die besten Leistungen nicht zu einer 1,x gereicht haben.

Dozenten haben häufig einen Ruf unter den Studierenden, besonders wohlwollend oder streng zu bewerten. Bei manchen scheint es selbst mit den besten Leistungen gar unmöglich zu sein, die Anforderungen zu erreichen. Wenn du die Bestnote erreichen willst, solltest du also immer, wenn es möglich ist, Kurse bei den Dozenten wählen, bei denen eine sehr gute Note überhaupt möglich bzw. sehr viel einfacher zu erreichen ist. Selbst wenn du das Thema eines Kurses viel langweiliger findest als das bei einem strengen Dozenten, solltest du das langweilige Modul wählen, wenn du die Bestnote im Studium erreichen willst. Ich habe in meinem Studium zudem die Erfahrung gemacht, dass neue und junge Dozenten oft überkorrekt sind und hohe Anforderungen stellen, weil sie noch alles richtig machen wollen. Auch darauf gilt es also zu achten.

Welche Prüfungsform hat der Kurs?

Wichtig ist es auch, vorher in Erfahrung zu bringen, mit welcher Prüfungsform die jeweilige Veranstaltung abschließt. Ist es eine Klausur? Eine Hausarbeit? Ein Referat? Eine Gruppenarbeit? Gibt es gar mehrere Prüfungsleistungen? Habe ich Wahlmöglichkeiten? Hier solltest du natürlich schauen, dass du Kurse mit den Prüfungsleistungen wählst, die dir am ehesten liegen.

Wann sind die Prüfungsleistungen?

Wichtig ist es auch, wann die Prüfungsleistungen sind. Versuche Prüfungsleistungen - soweit möglich - ausgewogen über das Semester zu verteilen, sodass du immer etwas zu tun hast aber nie unter- oder überfordert bist. Wer alle Prüfungen auf das Ende des Semesters legt, weil es noch so weit weg scheint und Zukunftssorgen sind und dann vier Klausuren, zwei Referate und zwei Hausarbeiten in zwei Wochen schreiben muss, wird keine Bestnoten erreichen. Absolviere ruhig auch Prüfungsleistungen, die schon am Anfang des Semesters liegen. Hier bist du noch am ehesten motiviert und es ist ein gutes Gefühl, schon am Anfang des Semesters ein Modul von der Backe zu haben.

<u>Wann ist der Kurs?</u>

Auch wann der Kurs stattfindet, kann für die Entscheidung eine Rolle spielen. Schließlich ist jeder Mensch individuell. Manche sind Frühaufsteher und schon kurz nach dem Aufstehen zu gedanklichen Höchstleistungen im Stande. Andere sind eher Morgenmuffel, brauchen einige Zeit und mehrere Tassen Kaffee, um in die Gänge zu kommen und sind eher am Mittag oder Nachmittag am Peak ihrer Konzentration. Wenn es dir in deinem Studiengang möglich ist, wähle deine Kurse so, dass sie zu deinen individuellen Bedürfnissen passen. Meine Studientage begannen meistens mit Modulen um 10:00 Uhr. Da ich eine etwas längere Busfahrt hatte, war ich dann ausgeschlafen, wach und konzentriert und konnte ein Maximum an Hirnleistung abrufen. Je nach Studiengang gibt es auch die Möglichkeit, zwischen wöchentlichen Kursen oder Blockveranstaltungen zu wählen, die nur an ein paar Tagen im Semester sind, dann aber den ganzen Tag gehen. Auch hier musst du herausfinden, was dir eher liegt. Blockveranstaltungen sind sicherlich praktisch, wenn jemand berufstätig ist oder eine lange Anreise zur Uni hat. So kann man in wenigen Tagen ein Modul abschließen und muss nicht Woche für Woche zu der Veranstaltung erscheinen. Bei mir ist es jedoch zum Beispiel so, dass ich mich immer nur ein paar Stunden am Stück wirklich gut konzentrieren kann. Bei Veranstaltungen, die den ganzen Tag gehen, lässt meine Konzentration irgendwann nach und ich bekomme Kopfschmerzen. Ich habe also zumeist wöchentliche Kurse gewählt. Viele Studenten haben in meinem Studiengang versucht, möglichst ein oder zwei Tage pro Woche frei zu haben und die anderen Tage so voll gepackt mit Veranstaltungen, dass sie von morgens bis abends in der Hochschule waren. Für meine kognitiven Grundvoraussetzungen wäre das nichts gewesen. Ich war leistungsfähiger, wenn ich von Montag bis Freitag zur Hochschule ging, aber dafür immer nur ein paar Stunden am Tag. Hier muss jeder seinen eigenen Weg finden.

Habe ich genug Abwechslung?

Abwechslung ist meiner Ansicht nach sehr wichtig, um motiviert zu bleiben. Wenn du einen Studiengang mit vielen Wahlmöglichkeiten hast, solltest du dies nutzen, um dir genug Abwechslung zu verschaffen, sowohl thematisch als auch von den Prüfungsleistungen. Versuche möglichst verschiedene Themenbereiche kennenzulernen und eine Ausgewogenheit bei den Prüfungsleistungen zu erreichen. Da ich am liebsten Klausuren geschrieben habe, habe ich hierauf den Schwerpunkt gelegt und so zwei bis vier Klausuren pro Semester geschrieben, dazu vielleicht zwei Hausarbeiten und zwei Referate. Nur Klausuren zu schreiben, kann ermüdend und langweilig sein. Lege deinen Schwerpunkt auf die Prüfungsform, die dir am meisten liegt, aber sorge auch für Abwechslung.

Die Einschreibung

Die Einschreibung in die einzelnen Module kann sehr stressig sein. In meinem Studiengang war es für fast alle der nervigste und stressigste Moment eines jeden Semesters. So gab es bei uns immer einen festen Termin. Meistens an einem Montag um Punkt 8:00 Uhr morgens fand die Einschreibung über die Onlineplattform OLAT statt. Hier hatten sich nun alle Studenten - oder zumindest fast alle - einen Wecker gestellt, die Internetserver waren völlig überlastet und um 8:00 Uhr begann das wilde Klicken. Ein paar Minuten später hatte man dann schon die verzweifelten Sprachnachrichten der Kommilitonen auf dem Handy, die darüber klagten, wie scheiße das ganze Verfahren war und das man wieder die Kurse nicht bekommen hatte, die man wollte. Gerade auch weil es immer zu wenig Plätze gab, weil auch Studenten aus höheren Semestern häufig noch unsere Module belegten, weil sie sie zuvor geschoben hatten oder durchgefallen waren. Das einzig Gute daran war, dass es wieder ein Semester dauerte, bis man sich wieder hierüber aufregen musste. Wie ich fast immer alle Kurse so bekommen habe, wie ich es wollte, kannst du nun nachlesen. Falls bei dir auch die Einschreibung über OLAT oder eine ähnlich aufgebaute Internetplattform stattfindet, kannst du direkt von meinen Tipps profitieren. Falls bei dir die Einschreibung anders abläuft, helfen vielleicht zumindest die Denkansätze, um eigene Ideen zu entwickeln, die Kurse zu bekommen, die man möchte.

Wer seine Wunschkurse bei einer Online-Einschreibung bekommen möchte, muss pünktlich sein. Wie bereits geschildert, war es bei uns so, dass wer nur ein paar Minuten zu spät war, keine Chance mehr hatte, in die begehrtesten Kurse zu kommen. Wenn um 8:00 Uhr die Einschreibung war, bin ich ca. eine Stunde früher aufgestanden, um die Vorbereitungen zu treffen. Stell dir vor, du stehst erst fünf Minuten vor der Einschreibung auf und plötzlich streikt das Internet oder dein Computer muss erst noch Updates machen. Um alle eventuell aufkommenden Hindernisse möglichst zu vermeiden, bin ich also frühzeitig aufgestanden. Dann war das Erste, was ich tat, im Internet eine Atomuhr zu öffnen. Da bei der Einschreibung alles blitzschnell ging, durfte ich nicht riskieren, dass ich vielleicht ein oder zwei Minuten verliere, weil eine Uhr, an der ich mich orientierte, falsch lief. Um weitere Zeit zu sparen, habe ich mich nun schon auf OLAT angemeldet und die Kurse, die ich später gerne wählen würde, geöffnet. So spart man beispielsweise Zeit für die Eingabe der Passwörter. Ich habe nun die Kurse bzw. die Tabs von links nach rechts absteigend der Wichtigkeit sortiert, also wie wichtig es mir war, die Kurse belegen zu können. Als erstes trug ich mich also bei dem wichtigsten Kurs ganz links ein, dann klickte ich auf den zweitwichtigsten Kurs rechts davon und so weiter. Innerhalb von weniger als einer halben Minute, war ich dann in allen Kursen drin und konnte mich entspannt zurücklegen. Im Vorfeld der Einschreibung machte ich mir Gedanken, in welcher Reihenfolge ich die Kurse wählen würde. Dabei galt es vor allem die Faktoren zu berücksichtigen, die ich unter dem Punkt „Welche Kurse wähle ich?" soeben aufgeführt habe. Ein Kurs, der frühmorgens bei einem unbeliebten Dozenten ist, wird weniger Interessenten haben als einer, der zu einer humanen Uhrzeit bei einem beliebten Dozenten ist. Es geht also darum, sich Gedanken zu machen, welche Kurse am ehesten gewählt werden und welche dir persönlich am wichtigsten sind. Danach sortierst du dann die Reihenfolge, in der du dich in die Kurse einschreibst.

1,0 in Referaten

Vor Referaten haben viele Studenten Angst. Allein oder mit einer kleinen Gruppe vor dem Dozenten und dem ganzen Kurs zu stehen und über ein Thema zu referieren, kann einen sehr nervös machen. Manchen liegt es von Natur aus mehr, Vorträge zu halten, manchen weniger. Wenn wir die Bestnote erreichen wollen, müssen wir es schaffen, in allen Prüfungsformen sehr gut zu werden. Klausuren werden in der Regel anonym geschrieben. Der Dozent sieht nicht den Namen des Studenten, sondern nur seine Matrikelnummer. Eine Diskriminierung ist also nicht möglich. Das ist bei Referaten anders. Hier kennt der Dozent den Namen des Referierenden und sieht ihn vor sich. Auch Dozenten mögen einen Studenten mehr oder weniger und beurteilen nicht immer nur die reine Leistung. Das ist eine Wunschvorstellung, von der du dich verabschieden musst, falls du das durch die Schulzeit nicht längst getan hast. Ich habe in meinem Studium viele Referate gehalten. Manche gingen nur wenige Minuten, manche aber auch zwei Stunden. Nach meinen Erfahrungen gilt es verschiedene Dinge zu berücksichtigen, wenn man die Bestnote in Referaten anstrebt.

Das Thema

Wie auch bei Haus- und Gruppenarbeiten, stellt sich bei Referaten zunächst die Frage, welches Thema du präsentierst. Oft sind Themen vorgegeben und du hast wenig Entscheidungsspielraum. Hast du jedoch Wahlmöglichkeiten zwischen verschiedenen Themen oder sogar eine recht freie Themenwahl, solltest du selbstverständlich ein Thema nehmen, das für dich spannend ist und dich interessiert. So hast du mehr Freude und Motivation bei der Erarbeitung und kannst es auch begeisterungsfähiger für Zuhörer und Dozent referieren.

Das Outfit

Es mag komisch klingen, aber ein gutes Referat beginnt beim Outfit. Wir Menschen haben ein Gehirn, das verschiedenste Reize verarbeitet und sich dabei manipulieren lässt. Wer in Jogginghose und Schlabberpulli mit ungewaschenen fettigen Haaren ein Referat hält, wird beim selben Inhalt wohl nicht die gleiche Note kriegen wie jemand, der eine schicke Hose und ein passendes Hemd angezogen hat und einen gepflegten Eindruck macht. Das Outfit muss zum Anlass passen. Du solltest also auch nicht overdressed sein. Der Dozent sollte merken, dass du dir Mühe bei der Kleiderauswahl gegeben hast. Dann hast du den ersten Pluspunkt gesammelt. Manche Studenten tragen auch bewusst bei Referaten eine Brille, weil sie darauf schwören, dass andere sie dann schlauer wahrnehmen würden.

Frei vortragen ohne Karteikarten

Ziel ist es, dass wir bei unserem Referat sicher auftreten. Jeder soll spüren, dass wir uns mit unserem Thema gut auskennen und vorbereitet sind. Wir wollen Selbstbewusstsein und Souveränität ausstrahlen. Niemand soll merken, dass wir nervös sind. Selbst wenn es so ist. Viele Studenten schreiben sich Notizen auf Karteikarten, wenn sie referieren. Oft verlieren sie sich dann, schauen nur noch auf ihre Karten und lesen mehr ab als frei vorzutragen. Karteikarten machen zudem sichtbar, wenn die Hände vor Anspannung zittern. Du merkst sicher, dass ich kein Fan von Karteikarten bin. Wenn du die Bestnote erreichen willst, solltest du daran arbeiten, dass du frei vorträgst, ohne zusätzliche Notizen. Alles, was du brauchst, sind die Folien deiner PowerPoint-Präsentation und das zusätzliche Wissen in deinem Kopf. Das zu erreichen, geht nur über sehr viel Vorbereitung und Übung. Du musst dafür im Grunde auswendig wissen, was du zu jeder einzelnen Folie sagst,

66

welche Beispiele du anbringst, welche Rückfragen du stellst etc. Der Weg ist also üben, üben, üben. Wichtiger als viele denken, ist das nonverbale und paraverbale Verhalten. Es gibt Studien, die besagen, dass wenn jemand redet, unsere Aufmerksamkeit nur zu 7% dem Inhalt zugewandt ist. Viel wichtiger sind Mimik, Gestik und unsere Stimme., welche insgesamt 93% ausmachen. Hier ist es also hilfreich, vor dem Spiegel zu üben oder sich selbst zu filmen, um zu sehen, ob Inhalt und Körpersprache zusammenpassen. Zum Beispiel, in dem wir Gesagtes mit passenden Gesten untermalen oder unsere Stimme kongruent zum Inhalt einsetzen.

Vermeidung von Füllwörtern

Es gibt meiner Meinung nach nichts, was in Referaten mehr Unsicherheit ausstrahlt, als eine übertriebene Verwendung von Füllwörtern (auch Verzögerungslaute genannt) wie „Ähm", „Äh", „Hmm". Das Gehirn versucht hier eine Pause zwischen zwei Wörtern oder Sätzen zu überbrücken. Es gibt Studierende, die in ihrer Nervosität in jedem Satz auf Füllwörter zurückgreifen. Das führt dazu, dass der Zuhörer ihre Anspannung bemerkt. Es strahlt wenig Kompetenz aus. Der Referent wirkt unvorbereitet. Dies bei sich selbst abzulegen, ist hartes Training, das man auf dem Weg zur Bestnote ganz bewusst vornehmen muss. Trainiere dies sowohl wenn du für deinen Vortrag übst als auch in deinem Alltag, wenn du mit Freunden oder Familie sprichst. Achte dann bewusst darauf, dass du keine Füllwörter benutzt. Lieber machst du eine kurze Pause, wenn du überlegst, als diese mit den benannten Wörtern zu füllen. Du wirst merken, dass deine Referate deutlich besser bei den Zuhörern ankommen werden.

Interaktion mit dem Publikum

Unabdingbar für ein gutes Referat ist es, dass der Referierende mit dem Publikum interagiert und nicht nur auf ein Blatt, die Folien oder gegen die Wand starrt. Während du referierst, solltest du das Publikum direkt anschauen. Schaue einzelnen Studenten und auch dem Dozenten in die Augen. Fühlt sich jemand angesprochen, hört er auch eher aufmerksam zu. Viele Studenten sind bei Referaten sehr nervös und es ist ihnen unangenehm, den Zuhörern in die Augen zu schauen. Wenn es auch dir so geht, kannst du den Anwesenden auch einfach auf die Stirn schauen. Das ist für viele sehr viel angenehmer als direkter Augenkontakt und für den Zuschauer sieht es so aus, als würdest du ihm in die Augen schauen. Es ist für diesen nicht zu unterscheiden. Das funktioniert wirklich. Probiere es aus. Stelle weiterhin während deines Referats Fragen an das Publikum und binde es so mit ein. Lasse es über Fragen diskutieren, Aufgaben bearbeiten oder ähnliches. Das Publikum einzubinden, kommt bei Dozenten immer gut an. Frag am Ende deines Referats unbedingt nach Feedback beim Publikum. Die meisten Studenten sagen dann nach eigenen Erfahrungswerten etwas Positives, selbst wenn sie es gar nicht so gut fanden. Nur selten traut sich ein Student, etwas zu kritisieren. Der Dozent bekommt so noch einmal zu hören, wie prima dein Referat war und wird ein letztes Mal manipuliert, bevor er dich benoten muss. Für eine schlechte Note fehlt ihm dann eine Grundlage, wenn es doch allen anderen Zuhörern so gut gefallen hat.

Einsatz verschiedener Medien

Viele Dozenten legen darauf wert, dass Referierende verschiedene Medien in einem angemessenen Verhältnis benutzen. Eine PowerPoint zur Begleitung eines Vortrags ist bei Referaten fast nicht mehr wegzudenken. Nutze hier einen Pointer, eine Art Fernbedienung für Präsentationen, um auf die nächsten Folien zu springen oder um auf der Folie etwas zu zeigen. Diese sind nicht teuer, es wirkt aber sehr viel professioneller. Mache dir bewusst, dass eine PowerPoint deinen Vortrag unterstützt und nicht andersherum. Im Vordergrund steht immer noch dein Referat. Auf der Power-Point sollten keine ganzen Sätze, sondern nur Stichwörter stehen, die du weiter ausführst und durch zusätzliches Wissen oder Beispiele ergänzt. Packe die Folien nicht zu voll. Nutze eine einheitliche Schrift, welche groß genug ist, um sie auch von weiter hinten gut zu lesen. Passende Graphiken, Bilder und ähnliches sollten die Stichpunkte ergänzen. Achte vor allem darauf, dass sich keine Rechtschreibefehler eingeschlichen haben, weil dies keinen seriösen Eindruck hinterlässt. Sinnvoll ist am Anfang eine Gliederung und auf den letzten Folien ein Quellenverzeichnis aufzuführen. Etwas Old-school, aber an mancher Stelle trotzdem sinnvoll, kann die Verwendung einer Tafel oder eines Overheadprojektors sein. Erstelle auf jeden Fall ein übersichtliches Handout für die Zuhörer, auch wenn dies nicht konkret vom Dozenten gefordert wird. Eine bis drei Seiten, je nach Umfang des Vortrags, in denen du die zentralen Aussagen zusammenfasst und die benutzten Quellen aufführst. Das kommt bei Dozenten meistens gut an.

Kreativität

Kreativität kommt meiner Erfahrung nach bei Studenten und auch Dozenten immer gut an. Wenn du kreative Ideen entwickelst, dein Referatsthema zu präsentieren, wirst du zum einen bessere Noten erhalten und zum anderen ist es auch für dich spannender, als einfach nur ein Thema von vorne bis hinten mündlich vorzutragen. Immer gut kommt es meiner Erfahrung nach an, wenn man einen Film dreht. Natürlich ist das aufwendig, aber mit den richtigen Leuten kann es auch Spaß machen. Ähnlich verhält es sich mit Rollenspielen. Denke dir, wenn du über ein Thema referierst, passende Fallbeispiele aus. Auch das kann ein kreativer Weg sein, ein Thema anschaulicher zu erzählen. Kreativität kann sehr vielfältig sein. Eine Studienfreundin, mit der ich einige Referate gemeinsam gehalten habe, hat sich beispielsweise für unsere Präsentation in ihr altes Kinderzimmer gesetzt und Fotostorys mit Playmobil-Figuren gemacht. So haben wir zum Beispiel bei einem Referat die unterschiedlichen Formen der Sterbehilfe dargestellt oder beim Thema Familie die verschiedenen Konstellationen von Familie, die es in modernen Gesellschaften gibt. Das mag seltsam klingen, aber irgendwie war es dann am Ende doch immer cool und hat einen guten Eindruck hinterlassen. Der Fantasie sind keine Grenzen gesetzt und alles ist spannender als ein monotoner Vortrag, dem jegliche Besonderheit fehlt.

Zeitmanagement

Die größte Schwierigkeit bei Referaten ist nach meiner Erfahrung ein gutes Zeitmanagement. Das liegt daran, dass viele Dinge bei einem Vortrag nicht vorhersehbar sind. Nehmen wir einfach mal an, du hast für deine Präsentation eine Stunde Zeit. Nun willst du gerade anfangen, über dein Thema zu referieren und musst feststellen, dass die Technik nicht wie gewünscht funktioniert. Der Beamer arbeitet nicht richtig, du willst ein Video zeigen und der Ton ist nicht zu hören oder was auch immer. Schon gehen dir wertvolle Minuten verloren und man gerät schnell unter Zeitdruck. Ein weiterer Punkt ist, dass es schwer abzuschätzen ist, wie aktiv der Dozent bzw. das Publikum bei einem Referat mitwirkt. Mischt sich der Dozent oft ein und erklärt Dinge selbst? Gibt es viele Zwischenfragen von Seiten der Zuhörer? Wenn du eine Diskussionsfrage stellst, machen dann viele mit und es gibt einen regen Austausch oder melden sich zwei Studierende und dann war es das? Dazu kommt, dass man in der Regel schneller spricht, wenn man nervös und aufgeregt ist und vieles mehr. Um dein Zeitmanagement zu optimieren, kommst du nicht drumherum, deinen Vortrag allein schon mehrmals zu üben. Oft kommt es vor, dass man denkt: Ich habe ja schon echt viel vorbereitet und wenn man es dann vorträgt, ist man nach zehn Minuten fertig. Oder andersherum man glaubt, man habe erst sehr wenige Folien, wenn man sie jedoch vorträgt, hat man die Zeitangabe schon überschritten. Du musst also deinen Vortrag üben und dabei die Zeit stoppen. Um ein gutes Zeitmanagement zu erreichen, ist es dabei hilfreich, mit mehreren Alternativen in einen Vortrag zu gehen. Erstelle einen grundlegenden Vortrag, bei dem du genug Zeitpuffer für Störungen, Zwischenfragen, Diskussionen etc. eingeplant hast. Überlege dir vorher, welche Folien du im Zweifelsfall auch weglassen oder kürzer beschreiben kannst, ohne dass es inhaltlich störend ist, wenn es der Zeitdruck erfordert. Überlege dir aber auch zusätzliche Beispiele oder Diskussionsfragen für den Fall, dass du beim Vortrag merkst, dass du die Zeit nicht füllen wirst. Es geht also darum, nicht einen starren Vortrag einzustudieren, sondern ein Grundgerüst mit verschiedenen Alternativen zu haben, sodass man beim Vortrag selbst ganz flexibel reagieren und diesen anpassen kann. Während deines Vortrags musst du unbedingt die Zeit im Blick haben. Bei PowerPoint kann man beispielsweise die Zeit seit Beginn der Präsentation anzeigen lassen. So weißt du immer, wo du gerade in deinem Zeitplan stehst und ob du irgendwie reagieren und deinen Vortrag anpassen musst.

1,0 in Klausuren

Das Verhalten in der Vorlesung

Die Vorlesung ist eines der ersten Dinge, an die die meisten Menschen beim Thema Studium denken. Es kommen Bilder in den Kopf von großen Vorlesungssälen, einem alten Professor, der anhand einer Power-Point Diagramme erklärt, während verwirrt dreinblickende Studenten mit Zetteln oder Laptops versuchen, das Wichtige vom Unwichtigen zu trennen. In der Regel enden Vorlesungen mit einer abschließenden benoteten Klausur. Was gilt es nun bei einer Vorlesung zu beachten, wenn man sich auf den Weg Richtung Bestnote begibt?

Zunächst einmal ist das Wichtigste, anwesend zu sein. Das mag auf den ersten Blick lustig klingen, es ist aber keinesfalls selbstverständlich. Wer studiert wird es kennen, dass es zwei Zeitpunkte gibt, an denen die meisten Studenten bei Vorlesungen anwesend sind: Am Anfang des Semesters, wenn man wissen will, was abgeht und die Motivation vielleicht für ein paar Tage noch hoch ist und ganz am Ende, kurz bevor die Prüfungsleistung ansteht und verzweifelt versucht wird, die Faulheit der letzten Monate an wenigen Tagen aufzuholen. Oft ist der Vorlesungssaal dann so voll, dass Studierende bis auf den Flur sitzen müssen. Teilweise sieht man dann Studierende des eigenen Semesters, die man nie zuvor gesehen hat und deren Existenz man sich bis dato gar nicht bewusst war. Hinzu kommen oft Studenten höherer Semester, die eine Klausur aufgeschoben oder nicht bestanden haben. Zwischen diesen beiden Zeitpunkten, also quasi während des eigentlichen Semesters, lichten sich die Reihen und man sieht meist dieselben Gesichter jener, die das Studieren wirklich ernst nehmen und mit einem gewissen Anspruch an erfolgreiche Noten verbinden. Die Teilnahme an Vorlesungen ist oft freiwillig. Es gibt bei den meisten Dozenten keine Anwesenheitskontrolle. Es gilt das Motto: Hauptsache Sie erfüllen am Ende die Erwartungen in der Klausur. Wie Sie sich das Wissen aneignen, ob durch die Vorlesung oder in Eigenregie zuhause, bleibt Ihnen selbst überlassen. Meine Erfahrung ist, dass die Studenten, die nie in der Vorlesung waren, am Ende immer am schlechtesten abgeschnitten haben. Meine Vermutung, woran das liegt, schildere ich dir gleich. Freiwilligkeit ist immer gefährlich. Die meisten Studenten brauchen Zwang und einen Tritt in den Hintern, um in die Gänge zu kommen. Wer zuhause bleiben darf, nimmt das auch häufig in Anspruch. Die Bestnote wird davon aber kaum jemand erreichen. Wenn Vorlesungen verpflichtend sind und die

Anwesenheit kontrolliert wird, ist das also umso besser für dich. Klingt komisch, ist aber so.

Auf dem Weg zur Bestnote ist es also das Wichtigste, in einer Vorlesung immer anwesend zu sein. Natürlich kann es mal vorkommen, dass man krank ist oder aus einem anderen wichtigen Grund nicht erscheinen kann. Das sollte aber eine absolute Ausnahme sein. Ich selbst habe so gut wie keine Vorlesung in dreieinhalb Jahren Studium verpasst. Hier muss man also hartnäckig bleiben und sich immer wieder neu motivieren. Klar ist es morgens gemütlicher im Bett zu bleiben. Natürlich ist man im Sommer lieber draußen am Wasser als in der überhitzen Uni oder hat im Winter keine Lust, morgens in eisiger Kälte die Autoscheiben freizukratzen. Sicher gibt es furchtbar langweilige Dozenten und Veranstaltungen, bei denen der Kopfschmerz gefühlt das Einzige ist, was man mitnimmt. Aber wer die Bestnote erzielen will, muss es schaffen, sich jeden Tag aufs Neue zu motivieren, in die Vorlesung zu gehen.

Weiterhin ist es zentral, nicht nur körperlich anwesend zu sein, sondern sich sinnvolle Notizen zu machen. Niemand kann sich alles merken, was er hört und spätestens bis zur Prüfung ist - wenn überhaupt - nur noch das im Gedächtnis, was uns wirklich interessiert hat oder an ganz besonders anschaulichen Beispielen erklärt wurde. Das reicht aber nicht, um eine exzellente Klausur zu schreiben. Du musst jede einzelne Vorlesung mitschreiben. Nimm dir einen Block, schreibe Datum und Thema der Veranstaltung auf und fang einfach an. Du wirst schnell lernen, Wichtiges von Unwichtigem zu trennen. Schreibe so vieles wie möglich von dem, was sich besonders wichtig anhört, genau in den Worten des Dozenten auf. Nicht so ähnlich, nicht mit eigenen Formulierungen, sondern exakt Wort für Wort das, was der Dozent gesagt hat. Wenn du später lernst, kannst du dann auch in der Klausur viele Dinge exakt so schreiben, wie der Dozent es gesagt hat. Viele Dozenten hören sich gerne reden. Viele denken sie seien besonders schlau. Viele wollen keinen Widerspruch, keine eigene Meinung. Sie wollen, dass man ihnen nach dem Mund redet. Genau da liegt meiner Meinung nach der Grund, warum Studenten, die nur zuhause lernen, deutlich schlechtere Ergebnisse erzielen. Sie können vielleicht ein Thema lernen und erklären, aber nie in den Worten des Dozenten selbst. Natürlich sollte man auch zeigen, dass man ein Thema verstanden hat und weiterdenken kann, man sollte auch mal eine eigene kontroverse Meinung haben, aber wenn man an wichtigen Stellen die Worte des Dozenten benutzt, fühlt dieser sich bestätigt und wird gar nicht merken, wie er dir unterbewusst die volle Punktzahl gibt. Probiere es aus.

Manchmal fällt in der Vorlesung auch das magische Wort „prüfungsrelevant". Jetzt sollte deine Aufmerksamkeit bei 110% sein. Ich habe die Erfahrung gemacht, dass viele Dozenten oft Andeutungen machen oder sogar ganz gezielt sagen, was in der Klausur vorkommt und was eher unwichtig, am ehesten noch ergänzendes Wissen ist. Wer nicht in der Vorlesung ist, bekommt das nicht mit und muss am Ende viel mehr Stoff lernen, weil er es nicht eingrenzen kann. Manche Dozenten laden ihre PowerPoint-Präsentationen bzw. die Folien vorab hoch (bei uns zum Beispiel auf der Lernplattform OLAT). Hier kannst du dir auch vor jeder Veranstaltung die Folien ausdrucken und direkt Notizen an die jeweiligen Diagramme etc. machen. Halte deine Mitschriften gut beisammen und erstelle einen Ordner für jedes Modul, das du mit ausgeteilten Materialien und ähnlichem ergänzt.

Wenn du ein guter Student bist und es dir gelingt, immer bessere Notizen in den Vorlesungen anzufertigen, wirst du schnell merken, dass du von Kommilitonen immer häufiger gefragt wirst, ob du mit ihnen die Mitschriften teilst. „Ich war leider krank und konnte nicht kommen. Kannst du mir mal zeigen, was du mitgeschrieben hast?" Es entsteht schnell die Gefahr, sich von anderen ausnutzen zu lassen. Schließlich ist es doch verlockend, die Vorlesung zu schwänzen, wenn man weiß, dass jemand anderes für einen hingeht und dann auch noch eine perfekte Zusammenfassung der Inhalte abliefert. Mein Ratschlag an dieser Stelle lautet: Teile deine Mitschriften mit niemandem. Klar, wenn deine beste Freundin mal nicht kommen konnte und du ihr dadurch hilfst, sie das an anderer Stelle dann auch für dich tut, mag das etwas anderes sein. Aber generell rate ich davon ab, Mitschriften mit anderen zu teilen. Du hast dich motiviert aufzustehen. Du warst Woche für Woche in der Vorlesung. Du hast jedes Mal konzentriert zugehört und mitgeschrieben. Du willst die beste Klausur schreiben. Also bring dich nicht um deinen Lohn und riskiere, dass in der Klausur jemand Wort für Wort dasselbe schreibt wie du. Jemand, der nie da war und einfach nur deine Notizen bekommen und auswendig gelernt hat. Du wirst es sicher an einigen Stellen in diesem Buch merken. Wer die Bestnote erreichen will, muss an mancher Stelle auch egoistisch handeln.

Wichtig für das Verhalten in der Vorlesung ist darüber hinaus Konzentration. Lasse dich nicht ablenken, sonst kann es sein, dass du etwas Wichtiges für die Klausur verpasst oder dem Gedankengang des Dozenten nicht mehr folgen kannst. Ablenkung kann durch andere Studierende stattfinden, denen langweilig ist oder auch durch das eigene Handy. Mit deinen Kommilitonen kannst du dich in den Pausen oder in der Freizeit genug unterhalten. Wenn jemand penetrant ist, mache ihm höflich deutlich, dass du gerade zuhören willst und das Gespräch auf später zu verschieben ist. Setze dich im schlimmsten Fall zu Leuten, mit denen du nichts zu tun hast und die dich gar nicht erst anquatschen. Setze dich aber auch nicht ganz nach hinten. Je nach Raumqualität kann es sein, dass du hier schlecht hören oder Folien nicht richtig lesen kannst. Ganz vorne kann dies auch schwierig sein und du bist hier viel zu offensichtlich Streber. Es gilt ein unauffälliger, ein sympathischer Streber zu sein. Am besten setzt du dich irgendwo ins vordere Drittel. Lasse dein Handy am besten gar nicht auf dem Tisch, sondern stell den Ton ab und lass es in der Tasche. Dann ist die Versuchung nicht so groß, zu chatten oder Apps mit wütenden Vögeln zu spielen.

Gerade in der aktuellen Situation, in der die Covid-19-Pandemie die Welt in Atem hält, finden immer häufiger Online-Vorlesungen statt, bei denen die Studenten von zuhause aus über Handy oder Laptop an den Veranstaltungen teilnehmen. Ich bin überzeugt, dass sich das, ähnlich wie Home-Office für Beschäftige, auch nach der Krise langfristig mehr und mehr durchsetzen wird. Zuhause ist es für viele noch schwieriger, sich zu konzentrieren und es gibt mehr Quellen der Ablenkung als in der Uni. Nebenbei aufräumen, etwas im Fernsehen schauen oder kochen. Der Fantasie an Ablenkung sind keine Grenzen gesetzt. Auch hier gilt es, maximal aufmerksam zu sein. Konzentriere dich wirklich nur auf die Vorlesung und mache nichts nebenbei. Mache dir auch hier gute Notizen. Das Verhalten sollte genau so sein, als wenn du in der Uni wärst. Es ist sicher schwierig und erfordert viel Disziplin, aber Bestnoten bekommt niemand geschenkt. Auch nicht in Zeiten einer Pandemie.

Du bist zwar nicht mehr in der Schule und wahrscheinlich, wie ich es war, sehr froh darüber, dass du endlich nicht mehr Schüler, sondern nun Student bist, aber melde dich, wenn es die Möglichkeit dazu gibt. Natürlich wird im Studium die mündliche Beteiligung - anders als in der Schule - nicht bewertet, aber so hast du die Möglichkeit, bei dem Dozenten einen guten Eindruck zu hinterlassen. Im Idealfall gibst du auf Fragen kluge Antworten oder stellst selbst Fragen, wenn etwas an der Präsentation unklar ist. So zeigst du dein Interesse an einem Thema, auch wenn du es in Wirklichkeit nicht haben solltest. Du kannst auch beispielsweise eigene Praxiserfahrungen mit einbringen. Selbst wenn es dir für die jetzt anstehende Klausur keinen Vorteil bringen sollte, wird es Dozenten geben, die sich positiv an dich erinnern, was an anderer Stelle (zum Beispiel ein Referat bei demselben Dozenten) einen Vorteil bringen kann. Zeige dem Dozenten, dass du zuhörst. Zeige ihm, dass du schlau und motiviert bist.

Bücher der Dozenten

Ich habe es in meinem Studium erlebt, dass in sehr vielen Modulen die Dozenten selbst Bücher über die Inhalte des Moduls geschrieben und es den Studenten nahegelegt haben, diese zu kaufen und für die Prüfungsvorbereitung zu nutzen. Bei vielen Dozenten geht es wohl darum, sich selbst wichtig zu machen und etwas zusätzliches Geld durch Buchverkäufe zu generieren, aber oft kann es auch sinnvoll sein, sich diese Bücher zuzulegen. Bei manchen Dozenten habe ich beispielsweise erlebt, dass ihr ganzes Modul nach ihrem Buch aufgebaut ist. Dann ist es sinnvoll, dieses zu haben, um für die Klausur noch einmal vertieft Sachen nachzulesen. Wie ich beschrieben habe, ist es nach meinem Prinzip auch hilfreich, Dozenten in Prüfungen wörtlich wiedergeben zu können. Wenn du ein Buch von ihnen hast, ist das selbstverständlich noch leichter. Du musst diese Bücher ja nicht alle kaufen. Ich habe mir meistens die Bücher für das jeweilige Modul in der Bibliothek ausgeliehen und danach zurückgegeben.

Vorbereitung auf die Klausur

Klausuren haben gegenüber den anderen Prüfungsformen einen großen Vorteil: Sie geschehen in der Regel anonym, da nicht der Name auf die Klausurbögen geschrieben wird, sondern nur die jeweilige Matrikelnummer des Studenten. So ist eine Diskriminierung in einer Klausur nicht möglich. Wer die beste Klausur schreibt, bekommt die beste Note. Wie du derjenige bist, darum soll es im Folgenden gehen.

Alles, was wir bisher in der Vorlesung berücksichtigt haben, dient uns bereits als Vorbereitung auf die Klausur. Schließlich haben wir jetzt einige Notizen, wissen was am ehesten für die Klausur relevant ist und haben sicherlich durch die Teilnahme an den Vorlesungen auch manches zusätzliches Wissen oder Beispiele im Kopf. Eine gute Voraussetzung, die nächsten Schritte zu gehen.

Bevor wir uns nun dem Lernen an sich widmen, ist es hilfreich, sich um Altklausuren zu kümmern. Es kommt nach meiner Erfahrung recht oft vor, dass Studenten Klausuren heimlich abfotografieren oder aus dem Gedächtnis nach einer Prüfung die Fragen niederschreiben. Meistens werden solche Klausuren unter den Studenten weitergegeben. Auch bei mir im Studium war es leicht, an solche Klausuren heranzukommen und ich hatte fast bei jeder Klausur eine Handvoll oder sogar noch mehr Klausuren, die der Dozent in den letzten Jahren gestellt hatte. So bekommst du einen Eindruck, was für Fragen der Dozent in der Klausur stellen könnte, wobei es nicht unüblich ist, dass sich viele Fragen wiederholen oder sogar Jahr für Jahr identisch sind.

Mit deinen Mitschriften und den Altklausuren hast du nun eine gute Grundlage, um deine Lernzettel zu erstellen. Es sollten nicht zu wenige und nicht zu viele sein. Du solltest dir zutrauen, dass du all das auch lernen kannst. Irgendwann entwickelst du dein eigenes Mittelmaß. Bei mir waren es meistens so um die zwanzig DIN A4 Seiten, am Computer mit etwas größerer Schrift geschrieben. Fasse das Wichtigste, was du mitgeschrieben und weiterführend gelesen hast, zusammen. Schreibe dir die Fragen der Altklausuren auf und beantworte sie in Ruhe. Dann überlege dir anhand deiner Mitschriften weitere Fragen, die der Dozent stellen könnte und beantworte auch diese. Versuche dir bei jeder Frage zu überlegen, was der Dozent darüber hinaus erfragen könnte und stelle einen Bezug zu deinem Studiengang her. Bei meinem Studiengang kam es ständig vor, dass ein Dozent eine Klausurfrage stellte und diese dann zum Beispiel wie folgt erweiterte: „Was bedeutet dies für die Soziale Arbeit?" Wenn du bereits gearbeitet oder Praktika absolviert hast, kannst du darüber nachdenken, ob dir zu einer Frage Beispiele aus der eigenen Praxis einfallen, die in einer Klausur eine sinnvolle Ergänzung sein könnten.

Wenn du etwas nicht verstehst, gerade keine Lust mehr hast, in Fachbüchern nachzulesen oder es auch dort für dich unverständlich erklärt ist, kannst du auch das Internet zur Recherche nutzen. Ich finde hier zum Beispiel auch YouTube hilfreich, wo es unzählige Videos gibt, in denen in einfacher Sprache komplexe Themen erklärt werden. Es ist eine schöne Abwechslung zum Lesen, wenn man auch mal ein Video schauen kann. Selbstverständlich solltest du immer darauf achten, ob Informationen im Internet seriös sind. Orientierung kann bieten, wie viele Klicks, gute Bewertungen und Kommentare ein Video hat. Dies soll deine Lernunterlagen nur ergänzen. Den Hauptteil sollten die Notizen der Vorlesungen und die Informationen aus Fachbüchern ausmachen.

Hast du nun deine Lernzettel erstellt, geht es ans eigentliche Lernen. Hier gilt es nun für dich herauszufinden, wie du am besten lernst. Jeder Mensch lernt anders. Der eine kann sich Lernstoff am besten auditiv einprägen, zum Beispiel in dem er sich das, was er auswendig lernen möchte, selbst immer wieder vorspricht und so im Gedächtnis abspeichert. Ein anderer lernt vielleicht eher visuell und profitiert davon, sich Dinge aufzuzeichnen und mit verschiedenen Farben zu kennzeichnen. Dieser Lerntyp schaut sich Bilder oder Grafiken an und kann sich so den Lernstoff einprägen. Andere Studenten lernen eher kommunikativ. Sie können Wissen am besten abspeichern, wenn sie sich mit anderen darüber austauschen. Sie lernen also quasi im Gespräch. Für einen solchen Lerntyp sind Lern- und Arbeitsgruppen sinnvoll. Weiterhin gibt es auch noch andere Lerntypen, unter anderem den motorischen Lerntyp, der Dinge am liebsten anpackt und beispielsweise ein Experiment durchführt. In der Regel kann man die einzelnen Lerntypen in der Praxis nicht vollständig voneinander trennen, sondern die meisten Menschen haben unterschiedlich gewichtete Anteile von verschiedenen Lerntypen. Erinnere dich an deine Schullaufbahn oder ersten Studienerfahrungen. Sicher hast du dann schon eine Idee, wie du am besten lernen kannst. Wer sich tiefergehend mit den unterschiedlichen Lerntypen beschäftigen möchte, kann dies an anderer Stelle tun.

Ich war mein ganzes Studium ein auditiver Lerner. Ich habe mir meine Lernzettel vorbereitet und diese dann tatsächlich Wort für Wort auswendig gelernt, indem ich sie mir nach und nach jeden Tag vorgesprochen habe. Durch die ständige Wiederholung, wurde es immer fester im Gedächtnis abgespeichert. Es sah sicherlich seltsam aus, wie ich mit mir selbst redend durch das Zimmer gewandert bin oder auf einer Parkbank gesessen habe. Da ich ein gutes Gedächtnis habe, war diese Methode für mich aber sehr effektiv. Konnte ich mir manche Sätze oder Begriffe nicht merken, bildete ich mir selbst Eselsbrücken, an denen ich mich dann orientierte. In der anspruchsvollsten Klausur des Studiums hatte ich so vierzig DIN A4 Seiten Text, die ich tatsächlich Wort für Wort auswendig kannte. Allein mir das Gelernte noch einmal vorzusprechen, hat mehrere Stunden gedauert. Das klingt sicherlich krass. Jeder hat ein unterschiedlich ausgeprägtes Gedächtnis. Viele werden sagen, dass sie schon Probleme haben, sich ihren vierstelligen Bank-PIN zu merken. Das ihnen auswendig lernen sehr schwerfällt. Es ist auch so, dass es manchen leichter, manchen schwerer fällt. Aber die gute Nachricht ist: Man kann es trainieren und besser werden. Je mehr man auswendig im Kopf hat, desto weniger muss man in der Klausur überlegen, was man schreibt oder wie man Dinge formuliert. Das spart wertvolle Zeit. Wenn du nicht gerade ein kommunikativer Lerner bist, vermeide Lerngruppen. Als guter Student wirst du oft gefragt, ob du dich Lerngruppen anschließen möchtest.

Wie auch bei deinen Mitschriften, möchtest du nicht, dass andere Studenten versuchen, von dir zu profitieren. Am besten lernt es sich daher in aller Regel allein.

Neben der Frage, wie du selbst am besten lernen kannst, ist es auch wichtig herauszufinden, welche Rahmenbedingungen für dich optimal sind. Hier stellt sich beispielsweise die Frage, zu welcher Tageszeit du am besten konzentriert bist oder welche Lernumgebung (absolute Ruhe oder Hintergrundgeräusche? Draußen oder drinnen? Etc.) du brauchst. Meine Konzentrationsfähigkeit ist circa eine halbe Stunde nach dem Aufstehen am größten. Dann kann ich für maximal vier Stunden sehr gut und effektiv arbeiten und lernen. Dann kommen langsam Kopfschmerzen und Konzentrationsprobleme, die mich einschränken. Im Laufe des Tages nimmt die Lernqualität immer mehr ab. Am Nachmittag und Abend geht dann nichts mehr. Deshalb habe ich immer morgens ein paar Stunden gearbeitet und aufgehört, wenn ich gemerkt habe, dass die Kopfschmerzen beginnen. Schaue wie dies bei dir ist. Wann du am besten lernen kannst. Wie lange am Stück dies funktioniert. Wie oft und wie lange du zwischendurch Pausen brauchst. Orientiere dein Lernverhalten an deinen Erkenntnissen und vergiss nicht, dich mit Kleinigkeiten zu belohnen, wenn du es geschafft hast, dich zu motivieren und fleißig zu sein. Nutze fürs Lernen besonders auch die „toten Zeiten" deines Tages. Wenn du zum Beispiel eine lange Busfahrt zur Uni hast oder im Fitnessstudio monoton auf dem Fahrrad strampelst, lässt sich diese Zeit super zum Lernen nutzen. Dadurch geht dir keine zusätzliche Freizeit verloren und du nutzt Zeit, in der du vielleicht sonst einfach gedankenlos aus dem Fenster gestarrt hättest.

Kofferklausuren

In der Regel gehst du in eine Klausur und hast lediglich Papier, Stift und deinen Kopf. Manchmal dürfen Studenten aber auch Bücher, Formelsammlungen, Notizen oder ähnliches mit in die Klausur nehmen. Dies wird umgangssprachlich „Kofferklausur" genannt. In meinem Studium war es gerade bei Rechtsklausuren so, dass wir eine entsprechende Sammlung an Gesetzestexten in der Prüfung benutzen konnten. Das ist auch sinnvoll, weil kein Student alle Gesetzestexte auswendig kennt und es eher darum geht, eine Fragestellung oder einen Fall zu beantworten, sich dabei in den umfangreichen Gesetzesbüchern zurechtzufinden und die richtigen Paragrafen benutzen und anwenden zu können. Wenn du eine Rechtsklausur schreibst, ist ein gut vorbereitetes Gesetzbuch die halbe Miete. Du wirst dich viel schneller zurechtfinden und die richtigen Paragrafen parat haben. Die Zeit, die du dadurch sparst, kannst du an anderer Stelle nutzen. Gehe also in einen Schreibwarenladen und kaufe dir verschiedenfarbige Klebezettel. Diese sehen aus wie kleine Fahnen. Hier kannst du nun ein eigenes System schaffen, das dir die Suche in der Klausur erleichtert. Schreibst du beispielsweise eine Klausur über das Bürgerliche Gesetzbuch (BGB), könnten blaue Fahnen zum Beispiel allem, was mit Verträgen zusammenhängt, zugeordnet sein. Ein Beispiel wäre hier der Kauf- oder Mietvertrag. Grüne Fähnchen könnten alles umfassen, was mit Familie zu tun hat. Hierunter würde dann Dinge fallen wie Umgangsrecht oder Sorgerecht. Sichtbar würdest du dann „Kaufvertrag" oder „Sorgerecht" auf die Fähnchen schreiben oder die entsprechenden Paragrafen. Wichtig ist zu wissen, was dein Dozent in der Prüfung erlaubt. Für manche ist es sogar okay, wenn man sich noch Notizen an die einzelnen Paragrafen schreibt oder zumindest Verweise, welche anderen Paragrafen damit zusammenhängen. Wenn dem so ist, solltest du natürlich davon Gebrauch machen. Je mehr Notizen du in der Klausur hast, desto weniger musst du auswendig im Kopf haben. Übertreibe es nur nicht und bleib im Rahmen dessen, was erlaubt oder zumindest geduldet ist. Es sollte nicht riskiert werden, wegen eines Täuschungsversuchs in der Prüfung durchzufallen.

Paralleles Lernen

Oft wirst du es nicht umgehen können, für mehrere Prüfungen zeitgleich zu lernen. Da Klausuren meine bevorzugte Prüfungsform im Studium waren und ich möglichst so viele gewählt habe, dass es gerade reicht, um nicht komplett überfordert zu sein, hatte ich in der Prüfungswoche am Ende des Semesters manchmal vier Klausuren zu schreiben. Das ist sehr anspruchsvoll. Hat man eine Klausur geschrieben, muss man alles Gelernte sofort wieder vergessen und Platz im Kopf für das nächste Fach schaffen. Dieses Bulimielernen, das uns ja bereits in der Schule beständig begleitet hat, ist ätzend und ich bin davon überzeugt, dass es unser Gehirn schädigt. Aber solange Schule und Studium in Deutschland nach wie vor so altmodisch gestaltet sind und es nicht die schon lange notwendige Revolution unseres Bildungssystems gibt, kommen wir auf dem Weg zur Bestnote nicht drumherum, uns anzupassen und mitzumachen. Der Schlüssel zum parallelen Lernen ist wie so oft im Studium eine gute Organisation. Fertige deine Lernzettel für die einzelnen Klausuren rechtzeitig an und schaffe dir klare Zeiträume, wann du für die eine und wann für die andere Prüfung lernst. Am besten schreibst du dir einen klaren Zeitplan auf. Mit der Zeit und zunehmender Erfahrung wird es dir immer besser gelingen, dich beim Lernen zu organisieren.

Rituale und Entspannungsmethoden

Inhaltlich auf eine Klausur gut vorbereitet zu sein ist noch kein Garant, dass du auch in der Klausur gute Leistungen erzielst. In meinem Konzept ist es ein zentraler Faktor, mental stark zu sein, um bei einer Prüfungsleistung das Maximum abrufen zu können. Mentale Stärke kann die Grenzen verschieben. Wer mental stark ist, kann Leistungen erzielen, zu denen er sich gar nicht im Stande gefühlt hat. Wie ein Boxer, der den Kampf gegen einen Kontrahenten gewinnt, der ihm eigentlich körperlich überlegen ist. Das Ziel ist es, entspannt und nicht nervös, konzentriert und fokussiert in die Klausur zu gehen. Dabei können Rituale und Entspannungsmethoden hilfreich sein. Mache dich schlau und probiere Verschiedenes aus. Ratgeber zu dem Thema gibt es wie Sand am Meer. Du solltest herausfinden, was dir hilft runterzufahren und die beste mentale Verfassung zu erreichen. Seien es beispielsweise Atemtechniken oder Meditation. Bei mir war immer ein großer Faktor die Musik. Ich habe die Stunden vor einer Klausur kaugummikauend die Musik gehört, die mich entspannt und meine Konzentration fördert. Während andere sich in den Minuten vor der Klausur mit Büchern und Lernzetteln gegenseitig verrückt gemacht haben („Hast du das gelernt?", „Glaubst du das kommt auch dran?", „Das muss ich noch eben auswendig lernen"), war ich ganz bei mir selbst und habe mich von denen ferngehalten, die sich und andere verunsichert haben. Wer zu dem Zeitpunkt noch nicht vorbereitet ist, braucht auch nicht mehr damit anzufangen. Nach meinem Prinzip sind wir schon vorher ausreichend gut vorbereitet und die letzten Stunden vor der Klausur dienen nur der mentalen Fokussierung. Auf den Punkt zu funktionieren und das Gelernte optimal wiederzugeben. Also halte auch du dich in den Stunden vor der Klausur fern von denen, die sich gegenseitig verrückt machen und sei bei dir selbst. Wenn es dir hilft, nimm einen Glücksbringer mit in Prüfungssituationen, der dir viel bedeutet und somit Kraft gibt.

Lernen auf Lücke

Ein bekannter Ansatz bei Studierenden ist das „Lernen auf Lücke". Gemeint ist damit, bei einer Klausur nicht jedes Thema gleichermaßen zu lernen, sondern bestimmte Themen nur am Rande vorzubereiten oder ganz wegzulassen, um den zu lernenden Stoff zu reduzieren. Verbunden wird damit die Hoffnung, Glück zu haben, dass etwas nicht drankommt und man es nicht umsonst gelernt hat oder wenn in einer Klausur die Möglichkeit besteht, zwischen verschiedenen Fragen zu wählen, sich hier auf das zu konzentrieren, was man gut vorbereitet hat. Ich rate vom Lernen auf Lücke dringend ab, weil es eine große Gefahr für deine Bestnote darstellt. An dieser Stelle ein praktisches Beispiel: Für die schwerste Klausur meines Studiums, jene mit dem anspruchsvollsten Dozenten und einer sehr hohen Durchfallrate, haben viele Studenten auf Lücke gelernt. Der Dozent hat in seinem Modul hunderte Folien durchgenommen, erwartete, dass man hiervon jede nahezu auswendig kannte. Es reichte nicht, etwas inhaltlich zu verstehen oder weiterdenken zu können, sondern die Studenten sollten beispielsweise jedes einzelne Theoriemodell mit Jahreszahl und Namen der Autoren in der Klausur kennen. Vor keiner Klausur hatten alle so viel Angst und die Aufgabe, all dies in seinem Gehirn zu speichern, schien unmöglich. Es gab von dem Dozenten jedoch einige Altklausuren, die zwar auf der einen Seite zeigten, wie schwer die Prüfungen immer waren, aber auch einen kleinen Hoffnungsschimmer hinterließen. So hatte der Dozent immer über zehn Fragen vorgegeben, von denen der Studierende nicht alle beantworten musste. Oft war es so, dass es beispielsweise 15 Fragen gab und man in der Prüfung entscheiden konnte, welche zehn davon man beantwortet. Viele Studenten lernten also dann auf Lücke, weil sie die Chance sahen, allem, auf das sie sich nicht vorbereitet hatten, aus dem Weg zu gehen. In der Prüfung angekommen, sagte der Dozent dann überraschenderweise, dass in diesem Jahr alle Fragen beantwortet werden mussten und es keine Auswahl mehr gab. Das Lernen auf Lücke wurde nun vielen Studenten zum Verhängnis und sie mussten die Klausur wiederholen. Wer die Bestnote erreichen will, kann sich keine Wissenslücken erlauben. Er muss sogar mehr wissen als das, was vorausgesetzt wird.

Zeitmanagement in der Klausur

Auch in einer Klausur ist das Zeitmanagement sehr wichtig. Viele Dozenten schaffen es nicht, angemessene Klausuren zu stellen. Oft ist die Zeit für Anzahl und Umfang der Klausurfragen, die beantwortet werden müssen, zu knapp. Vermutlich unterschätzen viele Dozenten ihren eigenen Klausurumfang. Manchmal ist es auch anders und man hat noch Zeit übrig, meistens jedoch ist die Zeit eine Herausforderung. Nicht selten schreiben Studenten die ganze Klausurzeit pausenlos durch, haben danach eine schmerzende Hand und trotzdem nicht alles beantworten können. Nach meiner Methode sind wir hoffentlich so gut auf die Klausur und deren Fragen vorbereitet, haben so viel Wissen auswendig im Kopf, dass wir einen Vorteil haben. Wir schreiben das auswendig Gelernte einfach aus dem Kopf nieder und müssen an vielen Stellen nicht erst überlegen wie viele andere Studenten. Das spart Zeit für die Aufgaben, die ein zusätzliches Nachdenken erfordern. Ich habe oft bei Klausuren eine Frage auswendig beantwortet und mir währenddessen parallel schon über andere Klausurfragen Gedanken gemacht. Meistens hatte ich durch die Vorbereitung so viel Wissen im Gedächtnis, dass ich am Ende der Zeit noch Stunden hätte weiterschreiben können. Behalte während der Klausur immer die Zeit im Auge. Schaue ob im Raum sichtbar für dich eine Uhr hängt oder nimm besser noch selbst eine Armbanduhr mit. So kannst du immer wieder schauen, wie viel Zeit du noch für einzelne Aufgaben hast. Normalerweise musst du die Klausurfragen nicht in der vorgegebenen Reihenfolge beantworten, solange ersichtlich ist, zu welcher Aufgabe du was zu Papier gebracht hast. Beantworte zuerst alles, was schnell geht und wo du dir sehr sicher bist, um diese Punkte schon einmal sicher zu haben, falls die Zeit knapp werden sollte. Alles, bei dem du überlegen musst und unsicher bist, beantwortest du dann am Ende, damit dir diese Zeit nicht fehlt. Manchmal steht bei den Aufgaben auch direkt, wie viele Punkte sie einbringen. Konzentriere dich hier zunächst auf das, was viele Punkte bringt und halte dich nicht zu lange bei einer Aufgabe auf, die nur marginalen Einfluss auf die Endnote hat. Wenn du am Ende der Klausur noch Zeit hast, lies dir alles, was du geschrieben hast, noch einmal aufmerksam durch, um etwaige Fehler zu erkennen. Versuche trotz der Hektik, leserlich zu schreiben. Auch eine schöne Handschrift kann Lehrer oder Dozenten manipulieren, bessere Noten bei selbem Inhalt zu vergeben. Generell solltest du während deines Studiums viel an deiner Sprache arbeiten, um Rechtschreibung, Satzbau, Formulierungen, Wortschatz etc. zu verbessern. Wer sich gut ausdrücken und weitestgehend fehlerfrei schreiben kann, wird auch bessere Noten erhalten als derjenige, der viele Fehler macht und sich nicht gut auszudrücken weiß. Hilfreich ist es hier beispielsweise in seiner Freizeit Bücher zu lesen, um dadurch auch die eigene Sprache zu verbessern. Ich habe ungefähr mit 15 Jahren angefangen zu lesen und kurz danach auch zu schreiben. Seitdem habe ich hunderte Bücher aus allen möglichen Genres gelesen. Über die Jahre sieht man dann, wie sich die eigene sprachliche Ausdrucksfähigkeit Schritt für Schritt verbessert. Weiterhin kann es auch nicht schaden, Nachrichten zu schauen, Zeitung zu lesen, sowie generell wissbegierig und mit offenen Augen durch die Welt zu gehen. Eine gute Allgemeinbildung zu haben, ist nie verkehrt und auch für dein Studium hilfreich. So kannst du beispielsweise in Klausuren Bezug zu aktuellen Themen herstellen oder das Erfragte mit Hintergrundwissen ausschmücken.

Klausuren schieben?

Eine Frage, die sich Studierende immer wieder stellen, ist, ob sie bestimmte Klausuren „schieben" sollen. Das meint, diese erst in einem der folgenden Semester zu schreiben. Davon rate ich nach meinen Erfahrungen ebenfalls dringend ab, wenn es nicht gerade ein absoluter Notfall ist. Ich habe in meinem Studium eine einzige Klausur geschoben. Das war ausgerechnet jene, die ich im vorherigen Abschnitt „Lernen auf Lücke" beschrieben hatte. Sicherlich gab es bei mir damals nachvollziehbare Gründe dafür. So steckte ich gerade zum Klausurdatum mitten im Umzug, aber meine Hauptmotivation war die Angst vor der schwersten Klausur des Studiums. Ich war überzeugt davon, dass dieses Modul nur wegen dem Dozenten so schwer war und hatte die Hoffnung, dass irgendwann ein anderer Dozent das Modul betreuen würde, wenn ich die Prüfung nur lang genug schiebe. So schob ich die Prüfung Semester für Semester vor mir her. Angekommen im siebten und letzten Semester musste ich nun feststellen, dass leider immer noch derselbe Dozent die Klausur stellte und ich da wie alle anderen durchmusste. Die Prüfung schien sogar noch anspruchsvoller als Jahre zuvor. Nun hatte ich es an der Backe, dass ich neben allen regulären Modulen des siebten Semesters, der Bachelorarbeit und der Jobsuche, auch noch diese schwere Klausur schreiben musste. Es war ein hartes Semester. Schließlich musste ich auch bis zum Einstieg in den Job parallel noch meinen Führerschein machen. Bringe dich nicht in eine ähnliche Lage wie ich damals. Ich habe nur eine einzige Klausur in meinem Studium geschoben und es hat mich bereits in eine schwierige Situation gebracht. Was war erst mit all den anderen Studenten, von denen viele jedes Semester Klausuren schoben? Die Leute, die deinen Studiengang konzipiert haben, haben sich sicher etwas bei der Anordnung von Prüfungsleistungen und Modulen gedacht. Wenn du dies aus dem Gleichgewicht bringst, wirst du an der einen oder anderen Stelle zwangsläufig Überforderung haben. Ganz viele meiner Kommilitonen brauchten so mehr Semester als vorgesehen. Nur wenige haben ihr Studium in der Regelstudienzeit abgeschlossen. Eine Klausur zu schieben würde ich dir also nur empfehlen, wenn es ein Notfall ist, du beispielsweise krank bist oder private Herausforderungen zu meistern hast, durch die du sicher bist, die Prüfung zu verhauen und deine Bestnoten zu gefährden.

Klausuren freiwillig wiederholen?

Auch den Besten kann es aus unterschiedlichsten Gründen passieren, dass sie mal eine Klausur verhauen. Man hat bis dato immer super Leistungen erzielt und dann

zieht plötzlich eine schlechte Note deinen Notendurchschnitt nach unten. Doch was tun? Schaue in deiner
Prüfungsordnung nach, welche Möglichkeiten es gibt.
Klar, wenn du durchgefallen bist, musst du die Prüfung
wiederholen. Aber was, wenn du mit einer für dich
schlechten Note gerade so bestehst? In meinem Studiengang war es so, dass man einmal im Studium eine be-
standene Klausur freiwillig wiederholen konnte. Es
zählte dann die Note in der zweiten Prüfung. Natürlich
ist dies dann ein zusätzlicher Aufwand, aber wenn dir
dein Notendurchschnitt wirklich wichtig ist, solltest du
die Möglichkeiten deiner Prüfungsordnung kennen
und ausschöpfen. Ich musste das in meinem Studium
glücklicherweise nicht in Anspruch nehmen, hätte es
aber gemacht.

Klausureinsicht

Weiterhin ist es sinnvoll, eine Klausureinsicht vorzu-
nehmen, wenn du mit deiner Note in der Prüfung un-
zufrieden bist. Auch hier lohnt sich ein Blick in deine
Prüfungsordnung, denn Studierende haben ein Recht
darauf, die Bewertung der Klausur oder auch einer anderen Prüfungsleistung nachvollziehen zu können.
Manche Dozenten bieten feste Termine zur Prüfungs-
einsicht an. Ist dies nicht der Fall, kannst du deinen

Dozenten ansprechen oder eine E-Mail schreiben und darum bitten, einen Termin zur Klausureinsicht zu vereinbaren bzw. über eine Bewertung einer Prüfungsleistung zu sprechen, die du nicht nachvollziehen kannst. Ich habe die Erfahrung gemacht, dass sich dies in der Regel lohnt. In meinem Studium habe ich bei einer Klausur, bei einer Hausarbeit und bei einem Referat eine Einsicht in die Bewertung vorgenommen, weil ich die Benotung nicht nachvollziehen konnte. Bei allen Prüfungen wurde die Note im Nachhinein deutlich verbessert. Bei der Klausur war es beispielsweise so, dass die Dozentin eine komplette beschriebene Seite übersehen hatte und ich deshalb weniger Punkte hatte. Auch bei anderen Studierenden habe ich mitbekommen, dass sehr oft Klausuren im Nachhinein besser bewertet wurden, wenn eine Klausureinsicht vorgenommen wurde. Nicht selten hatten Dozenten Dinge übersehen, Punkte falsch zusammengerechnet oder ähnliches. Das sollte eigentlich nicht passieren, aber da Menschen nun mal Fehler machen, tut es das sehr wohl. Mache du nicht den Fehler, schlechte Noten einfach ungefragt zu akzeptieren.

1,0 in Gruppenarbeiten

Gruppenarbeiten sind das absolute Worst-Case-Szenario für jeden, der die Bestnote erreichen möchte. Jede Prüfungsleistung, bei welcher der Erfolg nicht nur wie bei einer Klausur, einer Hausarbeit oder einem Einzelreferat von einem selbst abhängt, sondern man auf andere angewiesen ist, ist eine Gefahr für den angestrebten Notendurchschnitt. Das Wichtigste ist es also, Gruppenarbeiten zu vermeiden! Deshalb ist es wichtig, bereits bei der Kurswahl darauf zu achten, dass möglichst keine Gruppenarbeiten als Prüfungsleistung verpflichtend sind bzw. dort, wo eine Wahl zwischen verschiedenen Prüfungsleistungen besteht, sich gegen eine Gruppenarbeit zu entscheiden.

In vielen Studiengängen spielen Gruppenarbeiten keine oder nur eine sehr untergeordnete Rolle. Hier hat man Glück und kann sich ganz auf sich selbst konzentrieren. Man ist auf niemand anderen bei der Erreichung seines Ziels angewiesen. Ein schönes Gefühl und eigentlich sollte es in einem Studium doch auch so sein, dass man selbstverantwortlich ist. In anderen Studiengängen und gerade an Fachhochschulen, lassen sich Gruppenarbeiten als Prüfungsleistung oft nicht vermeiden und man fühlt sich plötzlich wieder wie in der Schule. In meinem

Studiengang waren Gruppenarbeiten sogar ein wesentlicher Bestandteil vieler Module. Was also tun, wenn nun doch eine Gruppenarbeit ansteht?

Ist die Gruppenarbeit unbenotet, ist es nicht weiter tragisch. Bei unbenoteten Prüfungsleistungen solltest du Kräfte sparen und dir nicht weiter Gedanken darüber machen. Liefere das ab, was vom Dozenten erwartet wird. Nicht mehr und nicht weniger. Beschränke deine Bemühungen auf ein absolutes Minimum. Wer auch bei Unwichtigem alles gibt, dem fehlt die Kraft an wichtigerer Stelle.

Ist die Gruppenarbeit jedoch benotet, kommt eine schwierige Aufgabe auf dich zu. Es gab für mich in meinem Studium nichts nervigeres als benotete Gruppenarbeiten. Wie wir alle es wohl schon aus Schulzeiten kennen, ist es fast immer so, dass einer oder zwei die Arbeit allein machen und die „faulen" oder kognitiv schwächeren Schüler davon profitieren. Am Ende bekommen dann bei den meisten Dozenten alle dieselbe Note, weil es für die Dozenten ja nicht unbedingt ersichtlich ist, wer welche Mühe in die Arbeit gesteckt hat. Das kann sehr frustrierend sein. Viele der „schwächeren" Studenten wissen genau, mit wem es sich lohnt, in einer Gruppe zu sein und wenn du dir erst einmal den entsprechenden Ruf erarbeitet hast, ein super Student zu sein, werden sie das ausnutzen wollen. Unterschiedliche Studenten haben zudem verschiedene Ansprüche. Manche wollen wie du die Bestnote erreichen, andere wollen nur die Prüfung nicht wiederholen müssen und stoßen mit Sekt an, wenn sie gerade so bestehen. Getreu dem Motto: Vier gewinnt! Dementsprechend haben Studenten eine unterschiedliche Erwartungshaltung, Motivation und Bereitschaft, Mühe und Energie in die Arbeit zu investieren.

Weiterhin ist es gerade im Studium so, dass es sehr schwer ist, sich untereinander zu organisieren. Gerade je größer die Anzahl der Gruppenmitglieder ist. Natürlich kann man sich in modernen Zeiten sehr einfach über WhatsApp-Gruppen, TeamSpeak und ähnliches vernetzen. Man kommt aber in der Regel nicht darum herum, sich auch persönlich zu treffen, beispielsweise um den Vortrag gemeinsam zu üben. Schon beginnt wieder die Frustration. Der eine wohnt hier, der andere dort. Der eine arbeitet neben dem Studium noch an den meisten Tagen der Woche und hat deshalb nur freitags Zeit, der andere ist aber von Freitag bis Sonntag immer bei seiner Familie und wird mit dieser Tradition auch nicht brechen. Der nächste hat ein wichtiges Hobby, das er nicht verschieben kann und der letzte sagt öfter ab, weil er krank ist oder niemanden hat, der sich gerade um das Kind oder die Katze kümmern kann. Abgesprochene Uhrzeiten sind ohnehin nur eine lose Vereinbarung und Pünktlichkeit bedeutet nur abzuschätzen, wie viel die anderen zu spät kommen. Sind dann doch alle oder zumindest ein paar am vereinbarten Treffpunkt, wurden Materialien vergessen, es hat sich niemand um einen Raum gekümmert oder es haben mehrere leider aus verschiedensten Gründen nicht geschafft, sich mit dem Thema zu beschäftigen oder das vorzubereiten, was vereinbart war. Treffen wir uns doch einfach nächste Woche noch einmal, bis dahin habe ich dann auch was gemacht. Wobei nächste Woche ist Rock am Ring, da geht es nicht. Wir haben aber doch noch zwei Wochen Zeit. Genug für eine 4,0. Schluss damit!!!

Was also tun? Der erste Tipp von mir ist es, Gruppen so klein wie möglich zu halten. Je weniger Menschen, von denen du abhängig bist, desto wahrscheinlicher ist eine gute Note und desto weniger Frustration wird es geben. Im Idealfall versuchst du eine Gruppenarbeit zu zweit zu machen, mit jemandem, den du gut kennst und von dem du weißt, dass ihr gut und erfolgreich zusammenarbeiten könnt. Natürlich weiß man das am Anfang seines Studiums noch nicht, aber in der Regel findet man es schnell heraus. Man kann hier auch unbenotete Gruppenarbeiten nutzen, um verschiedene Kommilitonen kennenzulernen und zu merken, wer für den

Ernstfall geeignet ist. Ich habe sehr viele Gruppenarbeiten zusammen mit einer guten Studienfreundin gemacht. Wir haben uns im Vorfeld des Semesters immer schon Gedanken gemacht, in welchen Kursen wir etwas zusammen machen können, welche Themen uns beide interessieren und haben diese dann gemeinsam gewählt. Über die Jahre hinweg versteht man sich dann fast blind und weiß, wer welche Stärken in die Arbeit einbringen kann. Man kann sich aufeinander verlassen. So kann man es dann auch schaffen, Gruppenarbeiten ohne Frustration zu meistern und sich vielleicht sogar als gute Abwechslung zu Klausuren darauf zu freuen. Auch wenn der Dozent eine größere Gruppengröße vorgibt, ist es sinnvoll, die Leute zu nehmen, die man gut kennt und von denen man weiß, dass eine konstruktive Zusammenarbeit möglich ist. Im Idealfall nimmt man jemanden, der Fähigkeiten mit einbringt, über die man selbst nicht verfügt. Ein Studienfreund von mir hatte beispielsweise vorher eine Ausbildung zum Mediengestalter gemacht. Er war dann immer zuständig für unsere PowerPoint oder andere mediale Angelegenheiten, zum Beispiel wenn wir einen Film gedreht haben. In sehr vielen Gruppenarbeiten hatte ich ihn mit an Bord und er hat sich um das gekümmert, was ich nicht so gut kann. Er war also sogar eine Bereicherung auf dem Weg zur Bestnote. Lieben Dank an dieser

Stelle Yanik, ich meine Yannick. Oder Janik? Ich werde es mir nie merken können.

Ist dir das Beschriebene nicht gelungen und du bist in einer Gruppe, in der ein oder mehrere Teilnehmer für Frustration sorgen, solltest du versuchen, das Ruder in die Hand zu nehmen. Wenn du die Bestnote erreichen willst, wird es leider Gruppenarbeiten geben, bei denen du den Großteil der Arbeit machst, Aufgaben oder Arschtritte verteilst, Tipps gibst oder den Teil der anderen Gruppenmitglieder noch ergänzt oder überarbeitest. Natürlich nervt das und ist unfair, dass du dir so viel Mühe machst und die anderen Studenten davon profitieren, aber dein Fokus sollte auf deiner Wunschnote liegen. Dann haben die anderen halt auch mal eine Spitzennote, aber Hauptsache du hast sie.

Bist du aber nun doch in einer völligen Chaosgruppe und schaffst es auch nicht allein, das Ruder Richtung 1,0 herumzureißen bzw. befürchtest sogar eine deutlich schlechtere Note, die deinen Notendurchschnitt gefährdet, solltest du darüber nachdenken, dich getrennt benoten zu lassen. Sprich mit deiner Gruppe über deine Frustration und sag ihnen, dass du dich getrennt benoten lassen willst. Das vermeidet spätere Konflikte. Nichts sollte hinter dem Rücken der anderen Gruppenmitglieder passieren. Dann gehst du auf den Dozenten zu und teilst ihm das ebenfalls mit. Du musst hier ja gar nicht in jedem Detail darüber klagen, was alles schiefgelaufen ist. Informiere ihn einfach darüber, dass du dich getrennt benoten lassen willst, weil es in der Gruppe einfach nicht funktioniert, die Bemühungen, das in den Griff zu kriegen, erfolglos waren und du eine sehr gute Note anstrebst, was in der Konstellation einfach nicht möglich ist. Schaue in deine Prüfungsordnung. Du hast normalerweise einen Anspruch darauf. Wichtig ist es dann nur, dass jeder Gruppenteilnehmer im Referat und der in der Regel geforderten schriftlichen Ausarbeitung deutlich macht, welcher Teil von ihm ist, sodass der Dozent überhaupt getrennt bewerten kann. Es reicht ja den Namen über den jeweiligen Teil zu schreiben. Ich habe dies in meinem Studium nur an einer Stelle machen müssen, weil ich die vorherigen Schritte befolgt habe, doch hier hat es sich gelohnt. Am Ende habe ich in meinem Vortrag als einziger eine 1,0 bekommen.

1,0 in Haus- und Bachelorarbeiten

Hausarbeiten zu schreiben ist für viele Studenten lästig. Man weiß am Anfang des Studiums noch gar nicht wie das geht, es sieht nach viel Anstrengung und Arbeit aus und schnell kommt es dazu, dass man es deshalb vermeidet. Manche Kommilitonen von mir haben bis zur Bachelorarbeit - bis auf eine Übung im ersten Semester - keine einzige Hausarbeit geschrieben. Doch Übung ist das Stichwort. Wie bei allen Ängsten, sollte man sich ihnen stellen. Gerade als Vorbereitung auf die Bachelorarbeit ist es wichtig, in seinem Studium ein paar Hausarbeiten geschrieben zu haben. Wer bis zum Ende des Studiums das Schreiben von Hausarbeiten nicht geübt hat, wird auch in der Bachelorarbeit keine Bestnote erzielen können. Da die Bachelorarbeit im Grunde eine lange Hausarbeit ist, habe ich, um Wiederholungen zu vermeiden, diese beiden Punkte zusammengefasst. Die Tipps, die ich für eine erfolgreiche Bachelorarbeit gebe, lassen sich auf das Schreiben von Hausarbeiten übertragen.

Wenn du auf die Zielgrade deines Studiums zusteuerst, steht irgendwann die Bachelorarbeit an. Sie ist die Abschlussarbeit deines Studiums und soll beweisen, dass du im Studium gelernt hast, eine für den Fachbereich relevante Fragestellung mit wissenschaftlichen Methoden und Standards zu beantworten. Die Bachelorarbeit macht vielen Studierenden Angst. Eine große Aufgabe scheint vor ihnen zu liegen und viele fragen sich, wie sie diese jemals meistern sollen. Auch bei mir war die Bachelorarbeit mit einem gewissen Druck verbunden. Schließlich hatte ich fast alle Prüfungsleistungen meines Studiums erfolgreich abgeschlossen und wusste, dass ich mindestens eine 1,3 in der Bachelorarbeit erreichen musste, um mein Studium insgesamt mit 1,0 abzuschließen. Am Ende gelang es mir auch in der Abschlussarbeit eine 1,0 zu schreiben, sodass ich mein Ziel erreichen konnte. Nachfolgend meine Tipps, welche Dinge es zu beachten gilt, wenn man in Hausarbeiten und der Bachelorarbeit die Bestnote erreichen will. Ich werde in diesem Kapitel nicht auf grundsätzliche Fragen eingehen, wie man eine Haus- oder Bachelorarbeit schreibt. Zum Beispiel wie entwickele ich eine Forschungsfrage? Wie zitiere ich richtig? Wie formatiere ich mein Dokument? Etc. Hier gibt es genug Ratgeber, von denen ich dir ohnehin empfehlen würde, dir mindestens einen zu kaufen oder in der Bibliothek auszuleihen, um bei aufkommenden Fragen sofort eine Antwort zu finden. Ich möchte eher auf eigene Erkenntnisse eingehen, die ich im Prozess meiner Bachelorarbeit gewonnen habe. Diese sollen eine Ergänzung zu dem darstellen, was man in allgemeinen Ratgebern nachlesen kann.

Zunächst solltest du in Erfahrung bringen, wie viel die Bachelorarbeit in deinem Studiengang zählt. Das Ergebnis kann sehr überraschend sein. Teilweise hat die Abschlussarbeit ein hohes Gewicht auf den Gesamtnotendurchschnitt des Studiums und in anderen Studiengängen einen eher geringen. Bei mir war es so, dass die Bachelorarbeit gerade einmal zwölf Creditpoints zählte, wobei mein Studium insgesamt 210 Creditpoints umfasste. Sie war also so viel wert, wie zwei reguläre Module. Der Anteil der Bachelorarbeit an der Gesamtnote war folglich sehr gering im Verhältnis zu dem immensen zeitlichen Aufwand, der mit der Erstellung verbunden ist. Auch wenn dies so ist, solltest du dir jedoch bei der Verfassung der Bachelorarbeit viel Mühe geben. Schließlich ist es deine Abschlussarbeit, du wirst auch im Bewerbungsprozess sicher das ein oder andere Mal auf sie angesprochen und in der Regel steht Thema und Note der Bachelorarbeit auf deinem Bachelorzeugnis. Auch wenn die Bachelorarbeit also verhältnismäßig wenig zählen sollte, lohnt es sich, diese Aufgabe mit viel Engagement anzugehen. Der Druck ist aber vielleicht nicht so hoch, wie du vorher dachtest.

Auch der vorgegebene Umfang der Bachelorarbeit spielt eine entscheidende Rolle und kann nach meinen Erfahrungen sehr unterschiedlich ausfallen. Dies ist abhängig von Studiengang, Universität oder unterscheidet sich in derselben Einrichtung sogar von Dozent zu Dozent. Ein Blick in die Prüfungsordnung kann auch hier Klarheit verschaffen, weil viele Dozenten sich natürlich daran orientieren, was vorgegeben ist. Je nachdem, ob du nun 30 oder 100 Seiten schreiben musst, also quasi eine längere Hausarbeit oder - auf den Umfang bezogen - fast eine Masterarbeit, fällt selbstverständlich der zeitliche Aufwand verschieden groß aus.

Das Wichtigste ist es nun, sich frühzeitig mit der Bachelorarbeit zu beschäftigen. Sei am besten das ganze Studium über aufmerksam, welche Themen dich besonders interessieren und wo deine Stärken liegen. Es ist meiner Einschätzung nach außerordentlich wichtig, dass dich dein Thema wirklich interessiert. Schließlich wirst du Stunden, Tage, Wochen, Monate mit dieser Arbeit verbringen. Wenn dich dann dein eigenes Thema nicht interessiert, kann dies eine große Quälerei werden. Es lohnt sich, sich selbst Gedanken über das Thema zu machen und nicht das Erstbeste zu nehmen, welches einem in den Sinn kommt oder vielleicht von einem Dozenten vorgeschlagen wird. Im Idealfall weißt du zu diesem Zeitpunkt schon, was du nach dem Studium machen willst und findest ein Thema, das inhaltlich dazu passt. So kannst du dich zum einen bereits auf dein zukünftiges Berufsfeld vorbereiten und in einem Bewerbungsgespräch Eindruck hinterlassen, wenn du über deine zum Arbeitsfeld passende Abschlussarbeit sprichst.

Sammele früh genug, bevor die Bachelorarbeit ansteht, deine Lieblingsthemen auf einer Liste und prüfe, welches davon am ehesten für eine Bachelorarbeit in Frage kommt. Besonders wichtig ist es, dabei zu berücksichtigen, ob es ausreichend aktuelle Literatur gibt. Es ist ein Kardinalfehler, sich ein Thema zu überlegen und mit der Arbeit anzufangen und dann irgendwann zu merken, dass es kaum Quellen zu dem Thema gibt, die man verwenden kann oder die, die es gibt, schon Jahrzehnte alt sind. Hast du ein Thema gefunden, das dich interessiert und zu dem es genug aktuelle Quellen gibt, überlege dir, welche konkrete Fragestellung du beantworten willst. Sammele ein paar mögliche Fragestellungen, sodass du eine Auswahl hast und versteife dich nicht von Anfang an auf eine konkrete Frage. Eine Fragestellung muss ausreichend konkret sein, dass du sie mit dem vorgegebenen Seitenumfang beantworten kannst. Sie darf nicht zu allgemein, aber auch nicht zu speziell sein. Es gilt wie so oft die goldene Mitte zu finden. Mache dir nun erste Gedanken über die Gliederung und wie du

Schritt für Schritt die Beantwortung der Fragestellung angehen willst. Hierbei kannst du dich auch im Internet über thematisch ähnlichen Haus- oder Bachelorarbeiten schlau machen. Viele Studenten veröffentlichen ihre Arbeiten umsonst oder gegen Geld im Internet (zum Beispiel unter www.grin.com). Hier kann man sich inspirieren lassen, welche Quellen zu dem Thema passen oder welche Punkte für eine Gliederung in Frage kommen. Das spart wertvolle Recherchezeit, auch wenn es diese natürlich nicht ersetzen darf. Selbst bei kostenpflichtigen Studienarbeiten, lässt sich zumeist der Vorschau zumindest die Gliederung entnehmen. Auch ich habe einige Hausarbeiten und meine Bachelorarbeit beim GRIN Verlag veröffentlicht. Wer eine Mustervorlage für Haus- oder Bachelorarbeiten sucht, kann sich hier oder auf ähnlichen Seiten umsehen. Komme aber bloß nicht auf die Idee, Texte abzuschreiben. Bachelorarbeiten werden gut überprüft und ein Plagiat wird in aller Regel auffallen. Es gibt spezielle Plagiatsoftwares. Wer sehr faul ist, kann heutzutage auch übers Internet einen Ghostwriter beauftragen, der einem die Haus- oder Bachelorarbeit schreibt. Ein in der Regel sehr teures Unterfangen. Davon abgesehen, dass man auch nicht weiß, welche Qualität die Arbeit eines Ghostwriters am Ende hat. Mache es lieber selbst. Dann hast du am Ende deine Bachelorarbeit, weißt, es ist das Werk deiner eigenen Hände und hast etwas geschafft, worauf du sehr stolz sein kannst.

Hast du nun ein kleines Exposé mit dem Hauptthema, möglichen Fragestellungen, einer ersten Gliederung und einer Übersicht an Quellen, machst du dich auf die Suche nach einem passenden Erst- bzw. Zweitdozenten. Auch hier ist es wichtig, so früh wie möglich damit anzufangen. Manche Dozenten sind sehr beliebt und ihre Kapazitäten an Studenten, deren Bachelorarbeit sie betreuen können, sind schnell aufgebraucht. Wenn du die freie Auswahl haben willst, musst du also so früh wie möglich einen Dozenten suchen. Hierbei sind verschiedene Dinge zu berücksichtigen. Wer die Bestnote erreichen will, muss natürlich auch einen Dozenten wählen, bei dem dieses Ziel möglich ist. Im Laufe deines Studiums hast du sicher mitbekommen, bei wem eine sehr gute Note überhaupt möglich ist. Beachtest du dies nicht, machst du dir vielleicht auf der Zielgeraden deinen Notendurchschnitt kaputt. Neben der Benotung ist es wichtig, dass der Dozent auch menschlich zu dir passt und eine gute Betreuung gewährleistet. Ob es menschlich passt, gilt es im ersten Gespräch herauszufinden. Ebenso kann man hier erfragen, wie die Betreuung durch den Dozenten konkret aussehen würde. Hier sollte man auch andere Studenten, die bereits ihre Bachelorarbeit oder Hausarbeiten bei einem Dozenten geschrieben haben, nach ihren Erfahrungen fragen. Im besten Falle hast du selbst schon eine Hausarbeit oder Klausur bei einem Dozenten geschrieben, wodurch du weißt, dass er gut zu dir passen könnte. Des Weiteren ist es ratsam, dass der gewählte Dozent sich gut mit dem eigenen Thema auskennt und bei Fachfragen eine Hilfe ist. Sonst bist du im Zweifel auf dich allein gestellt. Ich habe meine Bachelorarbeit über Jugendkriminalität geschrieben. Es war eine sehr juristische Arbeit, in welcher ich der Fragestellung nachgegangen bin, wie geeignet die unterschiedlichen Sanktionierungsmaßnahmen des Jugendgerichtsgesetzes (JGG) sind, um jugendliche und heranwachsende Straftäter davon abzuhalten, erneut straffällig zu werden. Es ging also viel um Paragrafen, Studien, Statistiken und Forschung. Mein Erstdozent war ein Soziologe, mein Zweitdozent Vorsitzender Richter am Landgericht Koblenz, der als Honorarprofessor an der Hochschule tätig war. So konnte ich mit den beiden Dozenten die verschiedenen thematischen Aspekte meiner Arbeit gut abdecken.

Hast du jemanden im Blick, der gut passen könnte, machst du einen Termin aus und nimmst dein Exposé mit. Es macht Eindruck, wenn der Dozent sieht, dass du dir bereits im Vorfeld reichlich Gedanken gemacht hast und gut vorbereitet in das Gespräch kommst. Mein Dozent hat mir damals sein Leid geklagt, wie oft Studenten völlig unvorbereitet in so ein Gespräch kommen und dann von dem Dozenten erwarten, dass er ihnen die Vorarbeiten abnimmt. Ein guter erster Eindruck ist der erste Schritt auf dem Weg zur Bestnote in der Bachelorarbeit.

Es mag komisch oder unangenehm klingen, aber kläre schon im ersten Gespräch deine Erwartungen an die Bachelorarbeit mit dem Dozenten ab. Ich habe damals zu meinem Dozenten gesagt: „Ich habe bisher einen Schnitt von 1,0 in meinem Studium und möchte auch in der Bachelorarbeit eine 1,0 schaffen. Ich bin bereit, dafür hart zu arbeiten und viel zu investieren. Ist es bei Ihnen möglich, dies zu schaffen und was erwarten Sie dafür von mir?" Diese Offenheit und Ehrlichkeit kamen sehr gut an. Der Dozent wusste sofort, was meine Anspruchshaltung ist und ich wusste im Anschluss genau, was er von mir erwartet. Genau so habe ich es dann auch bei dem Zweitdozenten gemacht.

Hast du nun die Vorarbeiten geleistet und einen Erst- bzw. Zweitdozenten gefunden, fange frühzeitig mit dem Schreiben an. Auch wenn du am Anfang noch überfordert bist und gar nicht weißt, wo du nun beginnen sollst, schreibe einfach drauflos. Sortieren und perfektionieren kannst du an späterer Stelle. Die Einleitung solltest du - so paradox es klingt - erst am Ende schreiben. Schließlich weißt du dann, auf welche Punkte du konkret eingegangen bist, wie du deine Arbeit aufgebaut hast, wie nun die Fragestellung final lautet und welche Ergebnisse und welchen Nutzen deine Arbeit bringt. Wichtig ist es, dass Einleitung und Schluss zusammenpassen. Es gibt viele Dozenten, die zunächst die Einleitung, dann den Schluss und danach erst den Rest der Arbeit anschauen. Sie prüfen, ob Einleitung und Schluss zusammenpassen und du wirklich das beantwortest, was du am Anfang deiner Arbeit ankündigst. Überlege dir für die Einleitung einen coolen Einstieg. Gerne gesehen ist beispielsweise ein Zitat, das als thematischer Einstieg zu deiner Arbeit passt. Meine Bachelorarbeit beginnt mit einem Shakespeare Zitat, welches im Fazit wieder aufgegriffen wird.

Wichtig ist es mit deinem Dozenten während des Prozesses der Bachelorarbeit beständig in Kontakt zu bleiben. Wenn du Fragen hast, schäme dich nicht, sie auch zu stellen. Es ist der Job deines Dozenten, selbst wenn du ihm vielleicht an der einen oder anderen Stelle auf die Nerven gehst. Bei jeder Frage, die du deinem Dozenten gestellt hast, kann dieser hinterher nicht mehr sagen, dass du es falsch gemacht hast. Beispielsweise auch, wenn du mehr oder weniger Seiten geschrieben hast, als vom Dozenten vorgegeben. Erkläre ihm, warum es so gekommen und ob das für ihn okay ist. Mein Erstprüfer hat mir damals zudem angeboten, dass ich ihm die ersten fünf geschriebenen Seiten zuschicke und er sie mir korrigiert zurücksendet. Nimm so ein Angebot unbedingt an oder frag den Dozenten selbst, ob dies möglich ist. So kannst du sehen, worauf der Dozent achtet und was ihm wichtig ist.

Wenn du mit deinem Dozenten in E-Mail-Kontakt stehst, schreibe ihn immer mit seinem akademischen Titel an (zum Beispiel „Sehr geehrter Herr Prof. Dr. Müller"). Du zeigst so, dass du höflich und respektvoll bist und wer liest nicht gerne seine akademischen Titel, für die er hart gearbeitet hat.

Ein weiterer Tipp von mir: Benutze an wenigen ausgewählten Stellen in deiner Haus- oder Bachelorarbeit Literatur, die von deinem Erst- bzw. Zweitdozenten verfasst wurde. Wer fühlt sich nicht gut, wenn er sieht, dass sein Buch als Quelle genutzt und in einer Bachelorarbeit verwendet wird? Es ist ein weiteres dezentes Schleimen an der richtigen Stelle, durch das der Dozent sich in seinem Wirken bestätigt fühlt. Dies unterstützt unterbewusst das Gesamtbild einer positiven Abschlussarbeit.

Anmelden solltest du deine Bachelorarbeit erst, wenn du schon einiges geschrieben hast. Meine Bachelorarbeit umfasste am Ende insgesamt 72 Seiten reinen Text. Davon hatte ich die ersten 20 schon komplett geschrieben, als ich meine Arbeit offiziell angemeldet habe. Ein gutes Zeitmanagement ist generell einer der wichtigsten Faktoren beim Schreiben der Abschlussarbeit. Hier gibt es viele hilfreiche Übersichten über Zeitpläne, damit noch genug Zeit zum Korrigieren, Überarbeiten, Ausdrucken, Binden etc. bleibt. Beim Binden hast du die Wahl zwischen verschiedenem Papier. Ein dickeres Papier ist etwas teurer, sieht aber besser aus und lässt sich angenehmer greifen. Nimm das teurere, wenn dir das finanziell möglich ist, um ein bisschen mehr Eindruck zu hinterlassen.

Mir war auch beim Schreiben der Bachelorarbeit viel Abwechslung wichtig. Hier muss auch jeder für sich selbst herausfinden, wie und wo er am besten schreiben kann, zum Beispiel brauche ich absolute Ruhe oder sind mir Hintergrundgeräusche lieber? Ich habe meine Bachelorarbeit an vielen Orten geschrieben. Bei mir zuhause am Schreib- oder Esstisch, in verschiedenen Bibliotheken und nach und nach bei quasi allen Bäckern und Cafés der Stadt. Für viele Studenten ist es ratsam, nicht zuhause zu schreiben, wo viele Ablenkungsquellen vorhanden sind und man eher mal eine Folge der

Lieblingsserie beim Streaming-Anbieter des Vertrauens schaut als sich durch langweilige wissenschaftliche Bücher zu quälen. Generell sollte man sich auch überlegen, wann man seine Bachelorarbeit schreibt. Ist man hier flexibel, wäre es aus meiner Sicht ratsam, sie im Wintersemester zu schreiben. Wer hat schon Lust im Sommer bei 40 Grad in einer stickigen Bibliothek zu sitzen, während alle anderen im Freibad sind. Im Winter, wenn es draußen kalt und ungemütlich ist, gibt es weniger Verlockungen und man kann sich eher motivieren, drinnen zu sitzen und an seiner Bachelorarbeit zu schreiben.

Eine Haus- oder Bachelorarbeit wird nach meiner Erfahrung umso besser, je länger der Zeitraum ist, in dem man sich dieser Arbeit widmet und je öfter man sich diese wieder durchliest, um Sachen zu ergänzen oder zu korrigieren. Fange am besten auch mit einer Hausarbeit, die du erst am Ende des Semesters abgeben musst, schon Monate vorher an und setze dich dann immer mal wieder dran, um sie weiterzuentwickeln und zu überarbeiten. Nach und nach geht es darum, jeden Satz zu perfektionieren. So oder so wirst du vermutlich irgendwann an den Punkt kommen, an dem du deine eigene Arbeit nicht mehr sehen kannst. So ging es auch mir. Nach dem gefühlt hundertsten Lesen meiner Bachelorarbeit, dachte ich mir: Was für einen langweiligen

Mist hast du da eigentlich geschrieben!? Das war ja nicht auszuhalten. Dabei sucht man sich ja extra ein Thema für die Bachelorarbeit, das man spannend findet und möchte eine Arbeit schaffen, die interessant zu lesen ist. Ich glaube es ist ganz normal, dass man irgendwann zweifelt und sich das Geschriebene gar nicht mehr anschauen mag. Zudem wird man irgendwann auch blind für seine eigenen Fehler. Seien es einfache Rechtschreibfehler, Logikfehler oder andere. Suche dir ein paar ausgewählte Personen und lasse sie über deine Bachelorarbeit drüberlesen. Am besten sind dies Personen mit unterschiedlichem Hintergrund. Einen oder zwei aus deinem Fachbereich, vielleicht jemand aus einem anderen Studienfach oder jemand, der mit studieren gar nichts zu tun hat. Es geht darum, deine Arbeit aus verschiedenen Blickwinkeln zu betrachten. So bekommst du auch unterschiedliche Anregungen, in welche Richtung du deine Arbeit noch verbessern kannst und hoffentlich das Feedback, dass deine Arbeit doch gar nicht so uninteressant ist. Am Ende sollte die Bachelorarbeit gut formuliert und so gut es geht frei von sprachlichen Fehlern sein, um den Lesefluss nicht zu stören und einen guten Eindruck zu hinterlassen. Es sollte sie jemand korrigieren, der sich mit Rechtschreibung gut auskennt. Wenn du das Geld investieren willst, kannst du sie auch fachmännisch lektorieren lassen. Eine perfekte Arbeit wird es jedoch wohl nie geben.

An der einen oder anderen Stelle wird sich auch nach Monaten noch ein Fehler eingeschlichen haben. Das ist aber normal und nicht weiter schlimm.

Ganz wichtig ist es natürlich, deine Arbeit regelmäßig zu speichern. Nichts ist ärgerlicher, als sehr lange an etwas zu arbeiten und dann plötzlich alle Daten zu verlieren. Du kannst deine Arbeit beispielsweise in einer Cloud oder auf einem Stick sichern. Ich mache es eigentlich schon immer so, dass ich Dokumente in meinem E-Mail-Postfach als Entwurf speichere. So kann ich von jedem PC der Welt darauf zugreifen.

Den letzten Feinschliff gibst du deiner Arbeit mit einer guten Formatierung. Rechne genug Zeit ein, deine Arbeit zu korrigieren, zu formatieren, auszudrucken und zu binden. Meiner Erfahrung nach kann man auch mit einfachen Programmen eine vorbildliche Haus- oder Bachelorarbeit hinbekommen. Ich habe mein ganzes Studium nur mit OpenOffice gearbeitet und hiermit auch meine Bachelorarbeit geschrieben. Bei allem, wo man nicht weiß wie es geht, schafft Google oder YouTube Abhilfe.

Der Einstieg ins Berufsleben

Herzlichen Glückwunsch. Du bist am Ende deines Studiums angelangt. Nun steht der Einstieg ins Berufsleben an. Doch was gilt es bei diesem Übergang in einen neuen Lebensabschnitt zu berücksichtigen? Macht es vielleicht Sinn, vorher noch einen Masterstudiengang zu belegen?

Zunächst einmal muss man häufig einen gewissen Notendurchschnitt aufweisen, um einen Masterstudiengang absolvieren zu können. In meinem Studiengang lag dieser meist bei 2,5. Ob nun ein Masterabschluss sinnvoll ist, hängt sehr stark von deinem Studiengang ab. In vielen Studiengängen kommt man fast nicht drumherum, einen Master an den Bachelor anzuschließen. Studiert man beispielsweise Medizin, Jura oder Lehramt stellt sich diese Frage für einen wohl nicht. Auch ein BWLer macht in der Regel einen Masterabschluss, um die Berufschancen oder Einstiegsgehälter zu erhöhen. In meinem Bereich dagegen ist ein Masterabschluss nicht notwendig. Jeden Beruf, den es im sozialen Bereich gibt, kann ich mit einem Bachelorabschluss und der staatlichen Anerkennung als Sozialarbeiter und Sozialpädagoge ausüben. Für keinen Beruf brauche ich zusätzlich einen Masterabschluss. Für manche

Arbeitgeber ist es vielleicht sogar eher abschreckend, wenn jemand „überqualifiziert" ist. Mehr Geld verdiene ich durch einen Masterabschluss nicht. Diesen zu machen ist also beispielsweise in meinem Studiengang eher Privatvergnügen. Trotzdem kann es gute Gründe dafür geben, nach dem Bachelorabschluss weiter zu studieren. Beispielsweise das ich mich noch nicht bereit für die Arbeitswelt fühle und noch ein bisschen Wissen und Erfahrung sammele bzw. mich in einem Bereich spezialisiere, bevor ich mich der ernsten Arbeitswelt stelle.

Hast du dich nun gegen einen Masterabschluss und für den Einstieg in die Berufswelt entschieden, geht es an die Jobsuche. Ich mag mich an dieser Stelle erneut wiederholen, aber: Kümmere dich frühzeitig darum. Wie bei Praktika gibt es viele Studenten, die zum selben Zeitpunkt wie du auf der Suche nach einem Betrieb sind und du erhöhst die Chancen, deine Traumstelle zu bekommen, wenn du der erste bist, der sich bewirbt und zu einem persönlichen Gespräch eingeladen wird. Im Idealfall hast du deine erste Arbeitsstelle schon einige Zeit bevor das Studium endet und kannst so ohne den zusätzlichen Druck der Jobsuche die Bachelorarbeit schreiben und auf die Zielgerade deines Studiums zusteuern. Die meisten Studenten können es sich finanziell nicht leisten, wenn eine Lücke zwischen Ende des

Studiums und Beginn der Arbeit entsteht. So endet beispielsweise auch der Bezug von BAföG mit Ende des Studiums und irgendwie muss man ja auch die Miete und sonstiges weiterbezahlen. Ich hatte meinen ersten Job bereits einige Monate vor Ende des Studiums fix, habe mein Studium Ende Februar beendet und zum 01.April angefangen zu arbeiten.

Ratsam ist es, Kontakte aus dem Studium oder von den absolvierten Praktika zu nutzen, um den ersten Job zu finden. Hat dir ein Praktikum besonders gut gefallen, kannst du dich hier bewerben. Schließlich weißt du schon, was dich erwartet, die Mitarbeiter dort kennen dich und du hast im besten Fall einen guten und kompetenten Eindruck hinterlassen. Möglich ist es auch, dass du über einen deiner Dozenten einen Job findest. Bei mir war es so, dass ich in einem Modul ein Referat halten musste. Im Anschluss sprach mich der entsprechende Dozent der Veranstaltung, welcher offensichtlich von meinem Vortrag positiv überrascht war, an und sagte: „Herr Riepegerste, wenn Sie mal einen Job brauchen, melden Sie sich". Gesagt, getan. Ich schrieb ihm auf der Zielgeraden meines Studiums eine E-Mail und so kam ich an meinen ersten Job.

Natürlich spielen noch viele andere Aspekte bei der Suche nach einem Job eine Rolle. Ist es ein sicherer Arbeitsplatz? Verdiene ich ein Maximum an Gehalt? Ist es eine Voll- oder Teilzeitstelle? Ist der Vertrag befristet? Wie lang ist der Hin- und Rückweg? Brauche ich Führerschein und Auto? Diese und weitere Fragen muss jeder für sich selbst beantworten. Mache dir nicht so viel Druck. Wichtig ist es nach dem Studium erst einmal einen Job zu haben und erste Berufserfahrung zu sammeln. Niemand ist verpflichtet, ein Leben lang bei seinem ersten Arbeitgeber zu bleiben. So kannst du dich schließlich auch aus deiner ersten Stelle heraus weiter bewerben, wenn du nicht sofort deine absolute Wunschstelle bekommen hast. Du solltest dich dabei nicht von befristeten Verträgen abschrecken lassen. Gerade im sozialen Bereich sind Verträge meistens befristet, sei es beispielsweise als Krankheits- oder Schwangerschaftsvertretung. Dein Arbeitgeber investiert in der Regel viel Mühe und auch Geld in dich und wenn du dich gut anstellst, habe ich die Erfahrung gemacht, dass dann immer Mittel und Wege gefunden werden, dass man im Unternehmen bleibt.

Ein weiterer Tipp von mir ist es, Studienarbeiten im Internet zu veröffentlichen. Wenn du gute Hausarbeiten bzw. eine erfolgreiche Bachelorarbeit geschrieben hast, kannst du diese bei verschiedenen Anbietern für andere

Studierende zum Kauf anbieten. Hierbei geht es mir nicht primär um Geld, auch wenn ich die Erfahrung gemacht habe, dass gute Arbeiten tatsächlich ab und an gekauft werden und man so ein paar Euro nebenbei verdienen kann. Der Hauptgrund, warum ich es empfehle, gute Arbeiten ins Internet zu stellen, ist, dass man, wenn man deinen Namen in Internet-Suchmaschinen eingibt, schlaue Dinge findet. Viele Chefs recherchieren im Internet über ihre Bewerber und es macht sicherlich mehr Eindruck, wenn sie dann auf wissenschaftliche Arbeiten als auf peinliche Partyfotos bei Facebook stoßen.

Zehn goldene Regeln

Zum Abschluss an dieser Stelle der Versuch, alles, was ich geschrieben habe, alle Erfahrungen, die ich auf meinem Weg zur Bestnote gemacht habe, anhand von zehn goldenen Regeln zusammenzufassen. Ich bin überzeugt, dass wer diese Regeln befolgt, dem Traum von der Bestnote Schritt für Schritt näherkommen wird.

1.) Entwickele ein Ziel und motiviere dich jeden Tag aufs Neue es zu erreichen. Visualisiere dein Ziel.

2.) Konzentriere dich auf deine langfristigen Bedürfnisse. Stelle kurzfristige Bedürfnisse so oft wie möglich und nötig zurück.

3.) Sei egoistisch, wenn es um die Erreichung deines Ziels der Bestnote geht.

4.) Mache jeden Tag etwas für dein Studium, wenn auch nur eine Stunde.

5.)   Kümmere dich frühzeitig um alles, was mit deinem Studium zusammenhängt. Sei dabei gut organisiert und sortiert.

6.)   Sei in der Uni immer anwesend, konzentriert und aufmerksam. Mache dir sinnvolle Notizen.

7.)   Spare Kräfte bei unbenoteten Modulen und Prüfungsleistungen und sei umso engagierter und vorbereiteter, wenn du benotet wirst.

8.)   Finde heraus, wie du am besten lernst und entwickele dein eigenes Erfolgssystem.

9.)   Nutze Kleinigkeiten, um Dozenten zu manipulieren, dir bessere Noten zu geben.

10.)   Sorge für deine mentale Gesundheit und belohne dich für Erfolge.

Nachwort

Nun bist du am Ende dieses Buches angekommen und hoffentlich bereit, den Weg zur Bestnote allein weiterzugehen. Ich hoffe sehr, dass mein Buch dir gezeigt hat, auf was es ankommt und das du durch meine Erfahrungen und Gedanken profitierst, um deine eigene Erfolgsgeschichte zu schreiben. Gerne kannst du mich bei Fragen und Unklarheiten oder einfach für Feedback unter der E-Mail-Adresse Bestnoten@gmx.net erreichen.

Auch für mich war das Schreiben dieses Buches eine interessante Reise. Zurück in eine sehr spannende und aufregende Zeit meines Lebens, die mich in vielerlei Hinsicht zu dem Menschen gemacht hat, der ich heute bin.

Ich möchte mich bei allen Menschen bedanken, die mich auf meinem Weg unterstützt haben, allem voran Anka, Nathalie, Yannik, Sascha und Kathrin. Walter natürlich, der von Anfang an immer an mich geglaubt hat. Meine Mutter, die wie kein anderer immer hinter mir Stand. Zuletzt natürlich auch ein großer Dank an dich Mike, weil es ohne dich dieses Buch niemals gegeben hätte.

„Ich habe oft gehört, jedes Ende ist auch ein Neuanfang. Wir wissen es zu der Zeit nur noch nicht. Ich
möchte gerne glauben, dass das stimmt".

(Emily Prentiss – Criminal Minds)